美国西进运动
AMERICAN FRONTIER

深入未知地域的探索之旅如何塑造了美国

[英] 菲莉帕·格里夫顿 编著　　任九菊 译

中国画报出版社·北京

图书在版编目（CIP）数据

美国西进运动 /（英）菲莉帕·格里夫顿编著；任九菊译. -- 北京：中国画报出版社, 2022.12
（萤火虫书系）
书名原文：ALL ABOUT HISTORY:American Frontier
ISBN 978-7-5146-2147-1

Ⅰ.①美… Ⅱ.①菲… ②任… Ⅲ.①领土扩张—美国—近代 Ⅳ.①K712.42

中国版本图书馆CIP数据核字(2022)第190123号

Articles in this issue are translated or reproduced from All About History: the American Frontier Sixth Edition and are the copyright of or licensed to Future Publishing Limited, a Future plc group company, UK 2021.

北京市版权局著作权合同登记号：01-2022-4877

美国西进运动

【英】菲莉帕·格里夫顿 编著　任九菊 译

出 版 人：方允仲
审　　校：崔学森
责任编辑：李　媛
内文排版：郭廷欢
责任印制：焦　洋

出版发行：中国画报出版社
地　　址：中国北京市海淀区车公庄西路33号　邮　编：100048
发 行 部：010-88417360　010-68414683（传真）
总编室兼传真：010-88417359　版权部：010-88417359

开　　本：16开（787mm×1092mm）
印　　张：12.75
字　　数：220千字
版　　次：2022年12月第1版　2022年12月第1次印刷
印　　刷：北京汇瑞嘉合文化发展有限公司
书　　号：ISBN 978-7-5146-2147-1
定　　价：72.00元

欢迎来到"美国边疆"

随着美国独立战争的结束,各殖民地宣布脱离英国而独立。美国把目光转向西部,夺取这片广阔土地的时机似乎已经成熟。《美国西进运动》一书将揭示这些野心勃勃的定居者所面临的阻力——从原住民到不利地形,探索美国边疆原貌,解读创造蛮荒西部传奇的关键人物;更为重要的是,本书将带领读者回顾从战争和剥夺美国土著权利,到对现存土著文化的摧毁,美国土著因移民者遭受了何种苦难。

目　录

- 6　如何赢得蛮荒西部？

开拓边疆

- 20　从革命到重生
- 30　探索美国西部
- 38　山人
- 44　应许之地
- 50　从东海岸到西海岸
- 64　《印第安人迁移法》
- 74　俄勒冈小道之旅
- 80　詹姆斯·波尔克：美国征服者
- 90　黄金之州
- 100　向西扩张何以引发战争

蛮荒西部

- 108　《宅地法》
- 113　为生存而战
- 122　征服西部
- 132　追捕比利小子
- 145　怀亚特·厄普的蛮荒西部
- 156　边疆消逝

边疆的遗产

- 168　解决土著问题
- 178　西部真的那么蛮荒吗？
- 184　最初的华尔街巨鳄
- 190　边疆缔造者
- 193　"我们以外的西部"

如何赢得蛮荒西部？

从杰斐逊到杰罗尼莫，探索推动美国疆土向西扩张的战争、人物和事件

1803 年 7 月 4 日

购买路易斯安那
华盛顿特区

1803 年 7 月 4 日，也就是美国宣布脱离英国独立整整 27 年后，托马斯·杰斐逊（Thomas Jefferson）总统签署了一项协议，从法国手中购买了北美的大片土地。通过向巴黎支付 1500 万美元，杰斐逊总统获得了从墨西哥湾到加拿大边境的约 214 万平方千米土地。这是美国历史上最大的土地收购，其面积几乎相当于当时美国的整个国土面积。杰斐逊最初只想买下新奥尔良及其周边地区，但是，因为法国与英国的战争陷入困境，并且新大陆殖民地对拿破仑来说价值不大，所以法国皇帝提出以每英亩①不到 3 美分的价格出售一块更大的土地，美国谈判代表立刻表示同意。美国从法国购得的这块土地最终演化成了美国 15 个州和加拿大两个省的一部分，其中包括新奥尔良、丹佛、圣路易斯和卡尔加里。

① 1 英亩约为 0.4047 公顷。

刘易斯和克拉克
密苏里，圣路易斯

两年 4 个月 10 天后，32 人（和一条狗）从密西西比河出发到达太平洋后返回了圣路易斯。上尉梅里韦瑟·刘易斯（Meriwether Lewis）和他的朋友陆军少尉威廉·克拉克（William Clark），受命为新购得的路易斯安那地区绘制地图，并寻找一条安全穿越该地区的路线，以便美国能抢在欧洲列强之前对太平洋沿岸宣示主权。探险队乘船沿密苏里河和哥伦比亚河穿越大平原和落基山脉，途经至少 24 个美国土著部落，如果没有他们的帮助，探险队在冬天就得挨饿——只有提顿－苏族人对白人探险队抱有一定程度的怀疑。一路上，刘易斯和克拉克发现了 200 多个新的动植物物种，并绘制了 140 幅行进路线图。一名队员在中途丧生，可能死于阑尾炎。

1809 年 2 月 12 日
亚伯拉罕·林肯（Abraham Lincoln）出生在一个简陋的单间小木屋里
肯塔基州，霍金维尔

1812 年 8 月 24 日
白宫和国会大厦在 1812 年战争中被英国人袭击
华盛顿特区

1820 年 5 月 8 日
《密苏里妥协案》（五分之三妥协案）允许北纬 36°30′以南的西部地区实行奴隶制
华盛顿特区

1806 年 9 月 23 日 — **1810 年 9 月 16 日** — **1819 年 6 月 20 日** — **1821 年 9 月 27 日** — **1822 年**

1819 年 6 月 20 日
蒸汽机船"萨凡纳"（SS Savannah）号成为第一艘穿越大西洋的轮船
英国，利物浦

1821 年 9 月 27 日
墨西哥脱离西班牙赢得独立
墨西哥，墨西哥城

多洛雷斯振臂疾呼
墨西哥，多洛雷斯－伊达尔戈

1810 年 9 月，瓜纳华托附近的小镇多洛雷斯-伊达尔戈在墨西哥历史上留下了自己的名字。天主教神父米格尔·伊达尔戈·科斯蒂利亚（Miguel Hidalgo y Costilla）一大早就敲响了教堂的钟声，召集会众。他发表讲话，呼吁人们离开家园，和他一起反抗西班牙殖民政府，600 人追随他加入了起义队伍。尽管科斯蒂利亚在一年内就被捕获并处决，但这次起义拉开了墨西哥独立战争的序幕。11 年后这场冲突结束，墨西哥赢得独立。

落基山毛皮公司
密苏里州，圣路易斯

1822 年，《密苏里共和报》刊登了一则广告，招募 100 人准备"沿着密苏里河逆流而上至其源头，并在那儿工作一、二或三年"。他们的工作是捕兽取皮，这是一种有利可图的生意，因为海狸皮在当时非常流行。捕兽者的工作极其危险，他们是第一批探索这片险恶地域的白人。休·格拉斯（Hugh Glass）是落基山毛皮公司的一名雇员，在 1823 年的一次探险中，他在没有给养的情况下被遗弃在荒野中，独自跋涉 200 英里[①]才回到凯厄瓦堡（Fort Kiowa）。

[①] 1 英里约为 1.6093 千米。

《印第安人迁移法》
华盛顿特区

安德鲁·杰克逊（Andrew Jackson）总统是"天定命运"的忠实信徒，他认为美国应该向西扩张。但美国土著部落已经占据了他觊觎的大部分土地。为了解决这一问题，美国政府出台了《印第安人迁移法》（Indian Removal Act），该法案允许总统与各部落谈判，以密西西比河西岸的土地交换美国土著世代居住的东岸土地。该法案备受争议，遭到基督教传教士的强烈反对，在众议院以微弱优势获得通过。然而，杰克逊认为美国土著部落的消亡是不可避免的。可悲的是，事实正如他所料。

1830年5月28日

博纳维尔探险
密苏里州，圣路易斯

1832年5月，本杰明·博纳维尔（Benjamin Bonneville）接受约翰·雅各布·阿斯特（John Jacob Astor）的命令，带领110名士兵离开密苏里州，开展新的捕兽取皮行动，与哈德逊湾公司抗衡。博纳维尔一行人徒步穿越了现在的怀俄明州、爱达荷州、内华达州和俄勒冈州，发现了一条沿着洪堡河，穿越内华达山脉到达加利福尼亚的路线。博纳维尔的探险之旅为移民涌入加利福尼亚（当时是墨西哥的一部分）奠定了基础，这条路线在加州淘金热期间用作通往金矿的主要路线。然而，探险队未能实现获取海狸皮毛的主要目标——哈德逊湾公司阻止他们的生意伙伴与博纳维尔交易，许多美国土著也拒绝了他们。

1831年3月4日

戴维·克罗克特（Davy Crockett）因反对《印第安人迁移法》而在国会选举中失去了席位

田纳西州

1832年5月

1826年7月4日

托马斯·杰夫·森于独立日逝世

弗吉尼亚州，蒙蒂塞洛

1831年11月1日

眼泪之路
密西西比州

第一个因《印第安人迁移法》流离失所的部落是查克托（Choctaw）部落，他们同意放弃世代居住的1100万英亩密西西比土地，来换取俄克拉何马的1500万英亩土地。根据协议，查克托人将于1831年11月在孟菲斯和维克斯堡集结西迁。当时的气候条件非常恶劣，山洪暴发使马车无法通行，河道也被浮冰堵塞。然而美国政府几乎没有采取任何措施帮助查克托人。他们每天的口粮仅限一把煮玉米、一个萝卜和两杯热水。无能的向导让查克托人迷失在莱克普罗维登斯的沼泽里。在离开密西西比州的17000名查克托人中，多达6000人死于这段被一名部落首领称为"眼泪和死亡之路"的长途跋涉中。然而，美国政府并没有从中吸取任何教训，奇克索（Chickasaw）、克里克（Creek）、塞米诺尔（Seminole）和切罗基（Cherokee）部落的迁移也将是死亡行军。

阿拉莫战役
墨西哥得克萨斯,圣安东尼奥

始于冈萨雷斯的得克萨斯革命很快将墨西哥军队赶出了该地区,但墨西哥政府随后发起了猛烈反击,阿拉莫的战况最为惨烈。由约200名革命者驻守的天主教堂和要塞被约1800名墨西哥士兵包围。3月6日,墨西哥军队结束长达13天的围困,发起正面进攻。革命军击退了前两次袭击,但第三次墨西哥军队攻破了城墙。墨西哥军队屠杀了几乎所有革命者,其中包括由政治家转为军人的戴维·克罗克特(Davy Crockett)。虽然阿拉莫战役对得克萨斯革命来说是一次失败,但它却是得克萨斯战争的转折点。在向安东尼奥·洛佩斯·德·圣安纳(Antonio Lopez de Santa Anna)将军复仇欲望的鼓动下,许多得克萨斯人加入了革命军。6周后,墨西哥军队在圣哈辛托战役中被击败。墨西哥政府从得克萨斯撤出,得克萨斯成为独立共和国。

1833年11月6日至23日
摩门教徒被强行驱逐出杰克逊县
密苏里州

1837年3月4日
安德鲁·杰克逊在两届总统任期结束后离开了白宫
华盛顿特区

1835年10月2日

1836年

1836年3月6日

得克萨斯革命
墨西哥得克萨斯,冈萨雷斯

当墨西哥从西班牙赢得独立时,得克萨斯只有3500人。破产的墨西哥政府允许美国移民进入得克萨斯,希望移民的涌入能够阻止美国土著的袭击。很快,盎格鲁人(讲英语的得克萨斯人)的数量就超过了德哈诺人(墨西哥和西班牙裔得克萨斯人),双方关系剑拔弩张。1835年10月,盎格鲁人奋起反抗墨西哥军队,在冈萨雷斯的小规模战斗中取得了胜利。得克萨斯开始了迈向孤星之州的旅程。

俄勒冈小道
密苏里州,独立城

毛皮猎人是最早探索西部的族群之一,但他们使用的道路不适合大规模迁徙,一条更易行进的路线亟待开发。1836年,一条从密苏里州独立城到爱达荷州霍尔堡的小道建成。由亨利·斯波尔丁(Henry Spalding)和马库斯·惠特曼(Marcus Whitman)领导的一支传教士队伍成为踏上这条小道的第一支西迁移民马车队。每年,这条小道都会向前延伸,直到到达距离太平洋海岸只有一步之遥的俄勒冈市。逐年修葺使路况日渐改善,桥梁、渡轮和重新铺设的道路使旅程更迅速且安全。大约40万人沿俄勒冈小道到达了西海岸。在太平洋铁路开通之前,马车队一直是移民的主要交通方式。

内奇斯战役
得克萨斯，泰勒

为了避免按照《印第安人迁移法》西迁，许多切罗基人在19世纪30年代移居到新成立的得克萨斯共和国。刚开始，他们受到总统萨姆·休斯敦（Sam Houston）的欢迎，但在米拉博·拉马尔（Mirabeau Lamar）当选总统后，得克萨斯政府的态度开始转变。拉马尔要求切罗基人离开得克萨斯，回到美国政府划给他们的保留地。在仅仅3天的谈判过后，得克萨斯军队就向切罗基人发起了进攻。18名切罗基人在撤退到峡谷时被杀，第二天，约100人在内奇斯河的源头附近被杀。面对毁灭，切罗基人不情愿地离开了得克萨斯，回到他们的印第安领地。

唐纳移民队的悲剧
内华达山脉

1846年5月，当87名移民离开密苏里州前往加利福尼亚时，他们对未来充满了希望。几个月后，他们的希望变成了一场噩梦。拓荒者们在乔治·唐纳（George Donner）和詹姆斯·里德（James Reed）的带领下出发，因为选择偏离俄勒冈小道的路线而浪费了时间。随后，里德因在一次争吵中杀死一名同伴，而被逐出队伍。在11月尝试穿越内华达山脉之前，移民队在洪堡河丢失了马车和牛群。一场大雪把他们困在了高山口上，由于食物供应不足，一队人受命徒步出发寻求援助。4个月后，救援队终于赶到，但在此之前，幸存者们已经开始同类相食。唐纳移民队并不是唯一一个在西进的长途跋涉中遭遇死亡的马车队，它之所以最为臭名昭著是因为队伍中绝望的拓荒者食人求生。

1846年4月25日
墨西哥向美国宣战
墨西哥城

1844年6月27日
摩门教领袖约瑟夫·史密斯被一群闯入迦太基监狱的暴徒杀害
伊利诺伊州，迦太基

1838年8月6日至11月1日　**1839年7月15至16日**　**1845年12月29日**　**1846—1847年冬**

1839年12月5日
乔治·卡斯特（George Custer）出生
俄亥俄州，新鲁姆雷

摩门教战争
密苏里州

纽约人约瑟夫·史密斯（Joseph Smith）的宗教愿景驱使他建立了一个新的基督教教派，其成员被称为摩门教徒。1831年，史密斯和他的追随者向西迁移，定居在了密苏里州的独立城，因为他们认为那里是锡安城所在地。然而，摩门教徒和密苏里州其他居民之间的关系非常紧张。在非摩门教徒怀疑新移民高价出售选票后，这种紧张关系迅速恶化。1838年，加勒廷县的选举日当天，因非摩门教徒试图阻止摩门教徒投票，双方爆发冲突。局势未能得到有效控制，双方随后又进行一系列小规模战斗，其中伤亡最大的是令17名摩门教徒丧命的豪恩磨坊（Haun's Mill）大屠杀。在这次事件中，虽然摩门教众被屠杀，但约瑟夫·史密斯和摩门教领袖却被指控为暴力事件的罪魁祸首，几乎所有的摩门教徒都被迫离开密苏里州，回到了东部的伊利诺伊州。

兼并得克萨斯
得克萨斯

得克萨斯共和国的寿命很短。虽然华盛顿特区对兼并得克萨斯热情不高，但大多数得克萨斯人愿意加入美国。约翰·泰勒（John Tyler）总统入主白宫后，华盛顿的态度开始转变——泰勒完全独立于党派政治，是向西扩张的忠实信徒。在他执政的4年任期里，他逐渐改变了人们的想法。在他的继任者詹姆斯·波尔克（James Polk）的领导下，国会通过了一项决议，接受得克萨斯成为美国第28个州。

《瓜达卢佩－伊达尔戈条约》
墨西哥，瓜达卢佩－伊达尔戈

1846年，墨西哥军队在两国边境争议地区袭击了美国士兵，这次边境上的小规模冲突导致两国全面开战。墨西哥在随后的战争中被彻底击败——美国占领了墨西哥多省，温菲尔德·斯科特（Winfield Scott）少将的军队甚至攻占了首都墨西哥城。根据最终的和平条约，墨西哥接受得克萨斯（墨西哥至今仍然声称拥有得州的所有权）为美国领土，并将阿尔塔加利福尼亚省和新墨西哥省割让给美国——这两个省成为后来的加利福尼亚州和新墨西哥州。自从向西扩张以来，美墨两国第一次确定了明确的边界。

1851年3月5日
杰罗尼莫决定为死于墨西哥突袭的妻儿复仇
墨西哥，哈诺斯

1855年
科尔特制造公司成立
康涅狄格州，哈特福德

1848年1月24日 **1848年2月2日**

1857年5月至7月
博纳维尔在第二次探险中袭击了阿帕奇（Apache）部落
亚利桑那州

加利福尼亚淘金热
加利福尼亚，萨特的磨坊

一个冬天的清晨，詹姆斯·马歇尔（James Marshall）注意到锯木厂的供水渠里有一些闪亮的颗粒。他发现了黄金，消息很快就传开了。在接下来的7年里，30万名探矿者——以淘金热高峰年命名，被称为"49淘金者"——涌向加利福尼亚，希望能发现有价值的矿藏。许多人取道陆路，在爱达荷州的霍尔堡由俄勒冈小道转加利福尼亚小道；另一些人则取道水路，乘坐蒸汽机船从东海岸出发。加利福尼亚的人口迅速增长，在被墨西哥割让后不久就被美国接纳，加入了联邦。但是，大多数想要在加利福尼亚大赚一笔的淘金者都失败了，获利最多的是那些为矿工提供物资的商人，而境遇最糟糕的毋庸置疑是被"淘金者"驱逐的美国土著——他们中有10万人在"加州种族灭绝"中死于暴力或饥饿。

快马邮递
密苏里州,圣约瑟夫

快马邮递的寿命虽然短,但在它运营的 19 个月里,它以前所未有的方式连接了东西海岸。骑马人从密苏里州出发,把消息和信件从一站传送到下一站,每站更换一匹新马,直到到达加利福尼亚的萨克拉门托。快马邮递从东到西传递一条消息大约需要 10 天,这与很快将要取代它的新技术——电报相比,速度的确慢了很多。

达科他战争
达科他领土

1862 年,在受够了白人移民对他们的土地侵占和美国政府延迟支付土地占用金后,明尼苏达河沿岸的达科他(Dakota)部落决定采取行动。在一名达科他勇士杀死 5 名白人定居者后,部落首领决定继续进攻,将白人定居者赶出他们的保留地。在接下来的几个月里,美军逐渐击垮了达科他部落的武装,但在此之前,达科他战士杀死了 77 名美国士兵和 800 名白人定居者。38 名达科他人因犯被判处死刑,其中一些人的审讯仅仅持续了 5 分钟。其余的达科他人被驱逐,迁往更遥远的西部。美国政府已经发出信号,不准备对任何违抗其权威的美国土著手下留情。

- **1861 年 4 月 12 日** — 萨姆特堡轰炸引发了美国内战
  南卡罗来纳州,萨姆特堡
- **1861 年 12 月至 1862 年 1 月** — 特大洪水来袭,多地受损严重
  加利福尼亚州、俄勒冈州和内华达州
- **1863 年 7 月 1 日至 3 日** — 葛底斯堡战役
  宾夕法尼亚州,葛底斯堡
- **1863 年 7 月 26 日** — 得克萨斯国父萨姆·休斯敦逝世
  得克萨斯州,亨茨维尔

1857 年 9 月 11 日 — **1860 年 4 月 3 日** — **1862 年 8 月 17 日至 12 月 26 日** — **1863 年 8 月 21 日**

山地草场屠杀事件
犹他地区,山地草场

跟随贝克-范彻尔马车队离开阿肯色州前往加州的移民在犹他战争(摩门教徒和非摩门教徒之间长一年的冲突)期间穿越该地区。摩门教徒因怀疑而袭击了马车队。他们伪装成美国土著发起进攻,以避免报复。在遭到移民的顽强抵抗后,摩门教徒转变策略,派士兵举着白旗靠近。见此情景,移民们离开了马车附近的安全地带。然而,摩门教徒趁机突然发动进攻,屠杀了除 7 岁以下孩子的所有移民。约 130 人在西部这次臭名昭著的偏执妄想中被杀害。

1861 年 10 月 24 日 — 横贯北美大陆的电报线路建成
加利福尼亚州,萨克拉门托

昆特里尔游击队的突袭
堪萨斯州,劳伦斯

西部和东部一样因内战而四分五裂——得克萨斯和路易斯安那脱离联邦成立南部邦联,而俄勒冈和加利福尼亚仍忠于北部联邦。由于南部邦联人力匮乏,西部有组织、有计划的战斗较少,但由流动的非正式士兵发起的游击战较多。支持废除奴隶制的劳伦斯镇成为威廉·昆特里尔(William Quantrill)率领的邦联突击者的目标。大约 450 名游击队员袭击了劳伦斯镇,抢劫并杀害了他们遇到的所有男性;共有 164 人死于这次突袭,他们中大多数是平民,有几个甚至已经投降。昆特里尔有一份特寻人员名单,其中包括曾亲自率领突袭南方邦联目标的参议员詹姆斯·莱恩(James Lane),但这次突袭时莱恩通过一片玉米地逃走了。

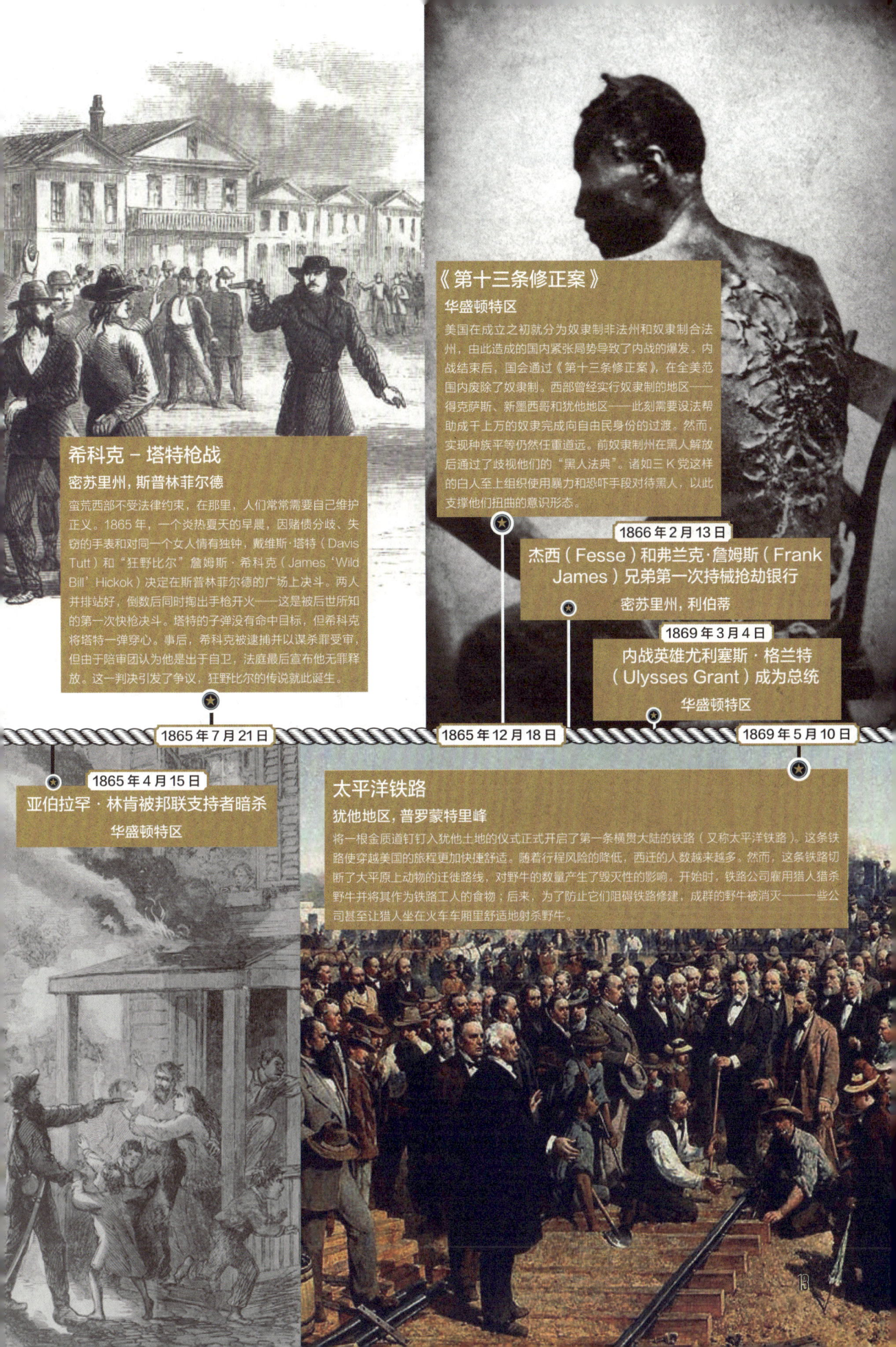

希科克－塔特枪战
密苏里州，斯普林菲尔德

蛮荒西部不受法律约束，在那里，人们常常需要自己维护正义。1865年，一个炎热夏天的早晨，因赌债分歧、失窃的手表和对同一个女人情有独钟，戴维斯·塔特（Davis Tutt）和"狂野比尔"詹姆斯·希科克（James 'Wild Bill' Hickok）决定在斯普林菲尔德的广场上决斗。两人并排站好，倒数后同时掏出手枪开火——这是被后世所知的第一次快枪决斗。塔特的子弹没有命中目标，但希科克将塔特一弹穿心。事后，希科克被逮捕并以谋杀罪受审，但由于陪审团认为他是出于自卫，法庭最后宣布他无罪释放。这一判决引发了争议，狂野比尔的传说就此诞生。

《第十三条修正案》
华盛顿特区

美国在成立之初就分为奴隶制非法州和奴隶制合法州，由此造成的国内紧张局势导致了内战的爆发。内战结束后，国会通过《第十三条修正案》，在全美范围内废除了奴隶制。西部曾经实行奴隶制的地区——得克萨斯、新墨西哥和犹他地区——此刻需要设法帮助成千上万的奴隶完成向自由民身份的过渡。然而，实现种族平等仍然任重道远。前奴隶制州在黑人解放后通过了歧视他们的"黑人法典"。诸如三K党这样的白人至上组织使用暴力和恐吓手段对待黑人，以此支撑他们扭曲的意识形态。

1866年2月13日
杰西（Fesse）和弗兰克·詹姆斯（Frank James）兄弟第一次持械抢劫银行
密苏里州，利伯蒂

1869年3月4日
内战英雄尤利塞斯·格兰特（Ulysses Grant）成为总统
华盛顿特区

1865年7月21日　　**1865年12月18日**　　**1869年5月10日**

1865年4月15日
亚伯拉罕·林肯被邦联支持者暗杀
华盛顿特区

太平洋铁路
犹他地区，普罗蒙特里峰

将一根金质道钉钉入犹他土地的仪式正式开启了第一条横贯大陆的铁路（又称太平洋铁路）。这条铁路使穿越美国的旅程更加快捷舒适。随着行程风险的降低，西迁的人数越来越多。然而，这条铁路切断了大平原上动物的迁徙路线，对野牛的数量产生了毁灭性的影响。开始时，铁路公司雇用猎人猎杀野牛并将其作为铁路工人的食物；后来，为了防止它们阻碍铁路修建，成群的野牛被消灭——一些公司甚至让猎人坐在火车车厢里舒适地射杀野牛。

鲍威尔的地理探险
内华达州

在抵达内华达州科罗拉多河和维尔京河的交汇处时,约翰·韦斯利·鲍威尔(John Wesley Powell)的探险队完成了白人对大峡谷地区的第一次穿越。尽管他们失去了3艘船中的1艘和五分之二的探险队员——一些人中途离开,其中3人在到达目的地还有两天时离开,然后下落不明——但历时3个月对广阔河谷的测绘工作取得了巨大成功。两年后,鲍威尔又来到这里进行了第二次探险,这一次他将这里命名为:大峡谷。

柯尔特点45手枪
康涅狄格州,哈特福德

没有哪个体面的拓荒者会不带左轮手枪就出门,而拓荒者们最钟爱的是柯尔特点45手枪。这一"和平缔造者"在1873年年底推出后,由于其平衡性和人体工程学设计,迅速受到欢迎。截至19世纪末,制造商已经以17美元的价格卖出了近20万把"和平缔造者"。这种六发式左轮手枪是警察和歹徒的首选武器,也是怀亚特·厄普和杰西·詹姆斯的最爱。在蛮荒西部,这种枪经常在一些臭名昭著的枪战、决斗和谋杀中派上用场。

1869年8月30日 — **1872年3月1日** — **1873年**

黄石国家公园
蒙大拿和怀俄明地区

1872年,尤利塞斯·格兰特总统签署了一份使黄石公园成为美国乃至世界上第一个国家公园的国会议案。费迪南德·海登(Ferdinand Hayden)等直言不讳的探险家和科学家令格兰特相信,黄石河的源头蕴藏着丰富的生态宝藏,应该受到联邦法律的保护。然而,为大众创建"一个公众的公园和休闲娱乐场所"在当时并没有得到多数人的支持——许多当地人担心,禁止出售该地区或在该地区定居会阻碍当地的经济发展。在国家公园建立之后的20年里,一系列的探险之旅逐渐向美国人揭示了黄石公园的奇迹。现在,每年有350万游客到黄石公园参观老忠实喷泉(Old Faithful geyser)和灰熊。

1872年12月
"野牛比尔"首次登台
伊利诺伊州,芝加哥

1876年8月2日

"狂野比尔"希科克在打牌时被枪杀
达科他地区,戴德伍德

1874年11月24日

带刺铁丝网
伊利诺伊州,迪卡尔布

约瑟夫·格利登(Joseph Glidden)于1874年获得的专利——一种每隔一段距离就设有尖刺的铁丝网——在征服西部过程中发挥了比其他任何发明都重要的作用。这项发明第一次用低成本将土地围成了封闭的耕作空间,将牲畜控制在规定范围内,不再任由牲畜在开阔的牧场上游荡。然而,带刺铁丝网的发明也使得牛仔的工作在很大程度上失去了必要性,这个西部的标志性形象开始消失。

小比格霍恩河之战

蒙大拿地区，小比格霍恩河

在罗斯巴德溪举行的一场太阳舞仪式上，拉科塔部落首领"坐牛"（Sitting Bull）看到了"士兵们像蚱蜢一样从天而降，落入营地"的幻象。同月不久后，这一幻象变成了现实。美国陆军计划胁迫拉科塔人、夏延人和阿拉珀霍人离开发现金矿的布莱克山，回到他们的保留地。第七骑兵团的指挥官、内战老兵乔治·阿姆斯特朗·卡斯特（George Armstrong Custer）发现了美国土著的营地，决定立即发起进攻——他犯下了大错。美国土著防线坚固，美军骑兵被击退，卡斯特被包围，他带领约210名士兵突围撤退到一座山上。然而，在拉科塔人和夏延人的下一轮攻势中，他们全军覆没。虽然小比格霍恩河以卡斯特最后据点所在地而闻名，但它同时也是美国土著的最后据点所在地。美军援军赶来后，各部落四散奔逃。"坐牛"逃到加拿大，许多美国土著返回保留地，布莱克山被强行割让给美国。

1877年9月5日

"疯马"是小比格霍恩的一名拉科塔老兵，他在关押时被人刺伤丧命

内布拉斯加州，罗宾逊堡

1876年6月25日至26日

1881年10月26日

1881年4月28日

被执行死刑前，比利小子从关押他的监狱逃了出来

新墨西哥，林肯县

OK 牧场枪战

亚利桑那地区，汤姆斯通

汤姆斯通是典型的边疆城镇——当地发现银矿后，小镇迅速发展起来，执法部门因此忙于应付涌入该镇的强盗和罪犯。小镇警长弗吉尔·厄普（Virgil Earp）和一群名为"牛仔"的牛马走私团伙发生争执，双方不断互相威胁。厄普和他的兄弟摩根、怀亚特以及临时警察霍利迪医生在靠近OK 牧场后门入口的一条狭窄街道上与 5 名"牛仔"团伙的不法之徒不期而遇，当他们试图解除对方的武装时，双方爆发了激烈的枪战。双方在 30 秒内共开了 30 枪，3 名不法之徒被击毙，弗吉尔、摩根和霍利迪医生受伤。在被搬上好莱坞大荧幕之前，这场枪战几乎已经被遗忘，但它现在却成为边疆司法残酷和危险的象征。

杰西·詹姆斯被杀
密苏里州，圣约瑟夫

19世纪80年代，曾是邦联士兵的强盗杰西·詹姆斯生活在恐惧之中。碍于5000美元的悬赏抓捕令，他被迫与妻子泽尔达以及两个兄弟查利和罗伯特·福特隐居在密苏里州。詹姆斯不知道福特兄弟已经决定背叛他。当詹姆斯放下手枪给一幅画掸灰时，罗伯特看到了机会，拔出手枪，击中了詹姆斯的后脑。福特兄弟因谋杀而被捕，但一天之内就被州长赦免，这个声名狼藉的西部豪杰从此成为传说。

杰罗尼莫投降
亚利桑那地区，骷髅峡谷

30多年来，杰罗尼莫一直领导着反抗墨西哥和美国的突袭行动，这是阿帕奇人抵抗白人定居者、拒绝迁往保留地运动的一部分。1886年，杰罗尼莫向陆军中尉查尔斯·盖特伍德投降，他是为数不多的几个让杰罗尼莫心怀敬意的美国士兵之一。美国政府对他们刚捕获的囚犯极其谨慎——毕竟，他曾两次投降后逃走，继续突袭生涯。这一次，杰罗尼莫和他的追随者们在佛罗里达、亚拉巴马和俄克拉何马的美国堡垒中受到严密监控。杰罗尼莫成了美国的知名人士，1904年，他参加了圣路易斯世界博览会；1905年，他与罗斯福总统会面。杰罗尼莫于1909年去世。在他生命的最后23年里，他既是一名囚犯，也是一个名人。

1889年6月24日
布奇·卡西迪（Butch Cassidy）第一次抢劫银行
犹他地区，比弗

1882年4月3日   **1883年5月19日**   **1886年9月4日**   **1890年6月2日**

1888年3月7日
据威廉·坦普尔·霍纳迪估计，野生野牛数量已不足300头
大平原

"野牛比尔"的蛮荒西部秀
内布拉斯加州，奥马哈

随着西部边疆[1]的消失，一些人看到了在舞台上呈现蛮荒西部的潜在利益。"野牛比尔"威廉·科迪（William 'Buffalo' Bill Cody）就是把蛮荒西部搬上舞台的第一批先锋。他最初是一名野牛猎人，后来成为一名表演者。他组建了一支类似马戏团的队伍——野牛比尔的蛮荒西部秀。他们在美国和欧洲巡回演出，表演内容包括历史事件重演以及精准的射击术和马术展示。许多著名人物的形象出现在表演中，其中包括"坐牛"、卡拉米蒂·简和安妮·奥克利。他们的舞台以浪漫主义视角展现了西部边疆，许多关于蛮荒西部真假参半的传说由此诞生。

① 美国历史上边疆具有特定含义，与边境是两个不同的概念。"边境"是联邦政府通过包括武装侵略在内的各种手段获得的不断西移南进的国界；"边疆"则是西进运动中拓荒者开发西部地区时划分已定居和未定居地的不断西移南进的界线，临近未开发地区的已开发地区称为"边疆"。——译注

西部边疆已经消失
华盛顿特区

在美国第一次人口普查结束整整100年后，第11次人口普查的负责人罗伯特·波特和卡罗尔·赖特宣布美国西部边疆不再有未定居的领土。美国已经赢得了从波士顿到洛杉矶、从新奥尔良到西雅图的整个大陆，并已在这片土地上定居。蛮荒西部的时代结束了。然而，在新大陆上的扩张付出了巨大代价。这次普查记录显示居住在美国的土著人口总数为248253人，远低于1850年人口普查时的400764人。

开拓边疆

- 20   从革命到重生
- 30   探索美国西部
- 38   山人
- 44   应许之地
- 50   从东海岸到西海岸
- 64   《印第安人迁移法》
- 74   俄勒冈小道之旅
- 80   詹姆斯·波尔克：美国征服者
- 90   黄金之州
- 100 向西扩张何以引发战争

从革命到重生

独立战争促使意志坚定的美洲殖民地联合起来成立了由（很大程度上）独立的各州组成的联邦

罗伯特·沃尔什

"不自由，毋宁死！"即使在今天，世人还是普遍认为美国独立战争爆发的原因几乎一目了然，即坚定的革命者为了获得自由而反抗专制的国王。"莱克星顿枪声"、1781年约克镇大捷以及《独立宣言》的签署等事件至今仍被人们铭记在心。美国开国元勋帕特里克·亨利（Patrick Henry）在1775年第二届弗吉尼亚大会上发表的激昂演说，成为历史上被引用最多的名言之一。

但事实并非如此简单——实际情况远比这复杂得多。殖民地人民对向西扩张的渴望（以及对英国限制扩张的怨恨）是最终导致战争的众多原因之一。

美国独立战争见证了一个新国家的诞生和其前殖民统治者的军事失败。然而，独立并不是殖民地人民的初衷。第一届大陆会议时，代表们只要求殖民地在大英帝国统治下拥有更大的自治权，他们没有要求完全独立，只想对内部事务有更多的发言权。直到1775年，第二届大陆会议时，代表们才投票支持独立，正式吹响了美国独立战争的号角。

乔治三世也将美国独立战争视为殖民地人民对英国议会统治的挑战，而非排除异己、巩固个人权力的借口。他致力于用尽可能少的牺牲来平息这场战争，而不是残酷镇压殖民地迫使其俯首称臣。

几十年来，殖民地人民一直在努力学习和实践自治。为了有效管理13个美洲殖民地，殖民者在很大程度上将决策权赋予了殖民地官员，而且他们并不介意各独立殖民地之间的松散联盟。殖民地官员必须执行议会做出的政策决定，但他们拥有对日常事物的管理权。殖民地官员在管理工作中学习自治，他们的付出最终得到了回报。

日复一日，殖民地人民的独立精神越来越强烈。这种独立并不是明确想要脱离英国的统治，它更像是一种信念，即殖民地人民可以自治。实际上，他们在很大程度上已经做到了。随着人们对伦敦的不满日益加剧（伦敦也相应地对殖民地

▲ 美国《独立宣言》

▲ 1773年的波士顿倾茶事件已经成为殖民地人民宣泄对英国统治与日俱增的不满的标志性事件

▲ 作为奴隶主、土地投机者和演说家，帕特里克·亨利以说出"不自由，毋宁死"而闻名于世

▲ 康沃利斯将军于1781年在约克镇投降，这不是美国独立战争的结束，而是开始

采取了越来越强硬的态度），殖民地出现了越来越多、越来越强的声音，支持其在实际上而不仅仅是在精神上完全独立。正如美国第二任总统约翰·亚当斯（John Adams）后来所说："美国独立战争在战争爆发前便已开始。独立早已深入人心。"

殖民地对自由扩张的渴望由来已久，在实现独立之前这只是一种不切实际的幻想。但结束被英国统治的能力、经验和愿望早在独立战争和独立宣言之前便已存在。

随着时间的推移，双方的态度都变得强硬起来。许多英国政客将大陆会议视为对王室的反抗与背叛。在私底下，乔治三世希望能通过一定限度的讨论和可行的改革措施解决问题，让殖民地人民牢记他们是英国的臣民。但是在公开场合，他支持议会的立场，即殖民地是英国的领土，它从属于议会，一如既往，不会改变。不管是否愿意，殖民地人民都是英国的臣民。不管通过和平

还是武力手段，议会都要让殖民地人民服从英国的统治。

美国独立战争初期，殖民地人民内部存在分歧，一些人只希望获得更大的自治权，另一些人则希望完全独立。一些人准备在必要时为独立而战，另一些人则准备为大不列颠而战。这些分歧是激烈的，而且往往是针对个人的。

亚伯拉罕·林肯后来说，一栋裂开的房子是不稳固的。在签署了《独立宣言》之后，本杰明·富兰克林用最直白的语言描述了团结的必要性："我们必须团结在一起，否则，毫无疑问，我们将被单独绞死！"

并非所有的殖民地人民都反对英国、支持独立——事实上，许多人支持增加税收维持殖民现状。与此同时，另一些人反对征税，支持增加自治权，但拒绝完全独立。他们准备支持英国，认为争取独立是对英国国王的背叛。

保皇派大约占北美殖民地人口的20%，对

对许多人来说，宣言代表着英国试图从殖民地人民手中夺取西部控制权。

英国的忠诚驱使他们中的一些人加入了英国武装部队——皇家美洲团。另一些人虽然没有参军，但仍然大力支持击败大陆军并镇压声势日渐浩大的独立言论。

战争结束后，留下来享受独立及其带来的机会的保皇派相对较少。大约8万人放弃了他们的大部分财富，离开家园，再也没有回来。事实上，一些人也无法回来。那些声名显赫的保皇派大多被驱逐，如果他们回来，就会被处死。他们当中的一些人去了英国，大多数人北上，帮助刚被英国占领的加拿大建立英语社区。

1773年波士顿倾茶事件的组织者之一塞缪尔·亚当斯（Samuel Adams），总结了人们对保皇派的普遍态度："如果你爱财富胜过爱自由，如果你爱被奴役的宁静生活胜过爱充满活力的自由竞争，就请平和地离开我们吧。我们不需要你的建议或武器。卑躬屈膝，向你的主人摇尾乞怜吧。愿你身上的枷锁肆意地束缚你，愿后代忘记你曾是我们的同胞。"

在独立战争爆发前的12年里，殖民地人民就和他们的统治者在议会中存在着许多意见分歧和冲突。扩张，更确切地说，伦敦限制殖民地人民扩张的权利，便是分歧之一。明确规定禁止殖民地人民向阿巴拉契亚山脉以西扩张的《1763年皇家宣言》（The Royal Proclamation of 1763），激起了殖民地民众对伦敦政府的不满。

《1763年皇家宣言》对伦敦有益，但激怒了广大殖民地人民。对伦敦而言，限制扩张可以减少西部边疆的驻军（大大缩减财政部的开支），也可以在很大程度上对美国土著置之不理。但伦敦没有预见到的是，这一政策会在支持扩张的群体中引发巨大的不满。殖民地的很多人——尤其是那些野心勃勃、渴望获得财富和地位的人——对任何限制向西扩张的政策都怒不可遏。由统治者从远方强加给他们的限制，阻碍了他们的商业发展，他们越来越不信任统治者，也越来越憎恨他们的独裁。

最令殖民地人民感到憎恶的是，他们不得不为驻扎在边疆地区执行宣言的英国军队支付军费开支。伦敦要求殖民地居民每年为部署在边疆沿线的大约1万名士兵支付25万英镑的军费。许多殖民地居民和土地投机者——其中包括乔治·华盛顿、帕特里克·亨利和后来成为大陆会议主席的亨利·劳伦斯——早已不满远方殖民统治者对扩张的干预，支付军费的命令更是火上浇油。

对许多人来说，《1763年皇家宣言》意味着英国试图从殖民地人民手中夺取西部控制权，进一步加强英国集权。一些人认为，如果结束了英国的统治，他们就可以开始向西部和南部扩张，而扩张将使他们有机会创造财富或增加现有财富。

1775年美国独立战争爆发前，该宣言一直都很难得到执行。它经常被无视，尤其受到非英裔殖民地居民的抵制。许多人认为该宣言是对殖民地发展的阻碍，是统治者的意志强加。如果它得不到有效执行，那么它就可以在一定程度上被忽略。但是为了自由扩张，英国的政策必须改变。如果英国不改变其政策，它的统治就必须结束。1764年，双方的紧张关系并没有任何改善。

在这一年,英国首先通过了《食糖条例》(也被称为《美国税收法案》或《美国关税法案》),然后又通过了《通货法》。《食糖条例》取代了1733年不成功的《糖蜜法》,为英国增加了收入,因为虽然它将糖蜜税减半,但它得到了严格执行并详细列出了其他只能合法出口到英国的产品。

《食糖条例》为殖民地商品创建了一个垄断纳税市场。虽然是间接的,但这一税收抵消了驻扎在美国殖民地和西印度群岛的英国军队的部分费用。所有走私应税产品的人都将在副海军部法院[①]而不是殖民地法庭受审,因为当地法庭通常会同情走私者,将其无罪释放。在殖民地人民看来,伦敦正在试图削弱殖民地官员的权力,蓄谋开启一场更大规模的权力斗争。伦敦的统治精英和殖民地人民之间本已紧张的关系进一步恶化。

《通货法》令本已糟糕的局面雪上加霜,它禁止殖民地人民使用纸币偿还债务。殖民地可以发行用于其他目的的纸币,但只能用黄金和白银来偿还他们所欠的债务。由于殖民地使用的纸币至少与黄金和白银持平,该法案严重损害了殖民地经济,激起了更多的愤怒和敌意。

除了特拉华,所有殖民地都将《通货法》视为激起他们不满的主要法案之一。1774年,第一届大陆会议发表了《权利宣言》,其中陈述了殖民地对英国议会出台的很多法案的不满。《通货法》是仅有的7个被认为"颠覆美国权利"的法案之一。

该法案的影响更多是心理上的,而不是经济

---

① 副海军部法院是设在英国殖民地的无陪审法院,被授权管辖与海事活动有关的地方法律事务。——译注

扩张和开拓精神
独立后,扩张势在必行——这是物质、安全和文化的需求

如今的美国由若干前殖民地发展而来,每个前殖民地都希望在松散的联邦中保持自己的独立。没有哪个州愿意完全听命于中央政府,他们认为君王和权力过大的总统之间没有区别。

出于物质和文化方面的考虑,扩张几乎是不可避免的。对工作、土地和自然资源需求的增加,使扩张成为最优选择。1783年,独立战争结束后,大批移民涌入美国西部,这些移民为扩张提供了人力资源。

独立战争时期的美国人是具有独立思想的冒险家,扩张的需求符合他们的真实愿望。这个国家的开国元勋们浴血奋战脱离欧洲统治是为了追求更美好的未来,这个国家绝不会不思进取。他们刚刚赢得了独立,当然不会满足现状、停滞不前。

安全问题也是扩张的一个原因。美国北部与英国领地加拿大接壤,西邻西班牙和法国的领地路易斯安那(1803年前),西南部是西班牙的殖民地加利福尼亚和墨西哥。美国人深知欧洲干涉美国内政的余地很大。从物质、文化和政治角度来看,美国都必须扩张领土保卫自己的边疆。

▲ 当时,许多美国人愿意历尽艰辛,冒险西进

早期西进

独立战争之后,西进运动蓬勃发展。其实它在几十年前就已经开始了

西部扩张早在13个殖民地为独立而战之前就已经开始——移民已经向西推进到今天西弗吉尼亚州的蓝岭山脉。然而,大多数人选择向南进入肥沃的谢南多厄河谷。1730年至1750年,大批德国和苏格兰-爱尔兰移民涌入西弗吉尼亚、北卡罗来纳和南卡罗来纳。与此同时,俄亥俄、田纳西和肯塔基的人口也迅速增加。

1763年,英国发布公告,明确禁止殖民地东部居民向阿巴拉契亚山脉以西迁移,但该公告执行不力,很大程度上被无视了。移民们持续西进,独立战争期间也不例外。英国战败后,《巴黎条约》为这场战争正式画上了句点。拓荒者们开始势如破竹地涌向西部边疆。

战后,移民在阿巴拉契亚山脉和密西西比河周围肥沃的农田和森林定居下来。1810年时,俄亥俄、肯塔基和田纳西已不再是贫瘠的荒野。方兴未艾的城镇、工业和商业吸引了越来越多的移民。截至1830年,印第安纳、密西西比、亚拉巴马、伊利诺伊和密苏里都已加入联邦。战后美国迅速向西扩张,蛮荒的边疆正在被慢慢地征服。

▲《1763年皇家宣言》在阻止向西扩张上收效甚微,但在很大程度上点燃了殖民地人民西进的热情

▲ 乔治·华盛顿是将军、开国元勋和美国第一任总统。《1763年皇家宣言》的颁布并没有削弱他向西扩张的雄心

上的。它让殖民地人民相信，议会既不理解他们的不满，也不会费心去帮他们解决。殖民地的领袖，包括一些以前持有不同想法的人，开始相信他们应该更好地为殖民地争取利益。

1765年，《印花税法》令形势进一步恶化。该法案要求殖民地的官方信件、扑克牌、报纸和其他各种纸制品都使用伦敦特制的带有浮雕印花税票的印花纸。印花用来证明纸张是通过官方政府代理人（唯一的合法供应商）购买的，已经缴税。这是一种伦敦从未尝试过的直接税收，所有税款都进入了伦敦金库，许多殖民地人民对此满腔义愤。

当时，美国殖民地还不存在直接税。事实上，直到美国内战时期，联邦政府才开始征收所得税。在此之前，各州有权向其公民征税，并将税款转交给联邦政府，但国会和联邦政府不能直接向美国人民征税。英国向殖民地征税，并将税款全部占为己有的行为进一步点燃了人们心中的怒火。此外，这一税收还与殖民地不满英国统治的另一个核心问题有关。

战争结束后，成千上万的移民怀着拥有大片土地和发家致富的梦想来到西部定居。

▲ 殖民地人民最初只希望在大英帝国统治下拥有更大的自治权。直到1775年的第二届大陆会议，代表们才投票支持独立

无代表不纳税

在殖民地人民看来，议会要为他们的种种不满负责，议会向殖民地征税却不允许他们在议会中有直接代表权。英国的每个选区都有一名国会议员，而美国殖民地在国会没有任何议员。

在如火如荼的独立运动时期，这对许多人来说是不可容忍的，是对1689年保障他们自由的《权利法案》的藐视。对一些人来说，这充满了独裁的味道——他们是自由人，被迫资助专制统治者，却没有任何反抗的权利。这一行为在殖民地人民心中燃起的怒火不亚于英国限制其向西扩张所引发的愤恨。

美国独立战争之前，扩张的强烈欲望就已经存在，但扩张的实际行动却相对较少。然而，战争结束后，成千上万的移民怀着拥有大片土地和发家致富的梦想来到西部定居。在稳定、安全、更"文明"的东部的资源几近枯竭时，向西扩张给了人们赚取利润、获得收益的机会。许多美国人和外国移民认为，他们必须冒险西进，忍受边疆的艰辛，以期致富。

独立和随后的扩张意味着美国社会的几乎所有层面都将发生巨变。大量移民促进人口增长，从而刺激经济增长。然而，美国社会有一点没有改变。

奴隶制

奴隶制在战前是合法的，在战后仍然合法。对奴隶来说，随着美国在北美的扩张，唯一真正的变化是，他们在哪里被买卖和工作。在那个对奴隶制有着完全不同认知的时代，奴隶制的存在有着重要的经济意义。

1865年美国南北战争结束之前，奴隶是一种利润丰厚的商品，雇主通常更愿意一次性买断劳动力，而不是按周薪雇用他们。由于扩张催生出巨大的商业发展机会，美国对非熟练劳动力的需求越来越大。19世纪上半叶，越来越多的南方州蓬勃发展，而那里的经济发展主要依赖奴隶劳动力。这种情况一直持续到1865年南部邦联战败。

具有讽刺意味的是，剥夺奴隶自由的南部邦联致力于维护各州的权利。他们表示如果亚伯拉罕·林肯践踏了各州的权利，他们就会效仿1776年宣布美国殖民地独立的革命先辈，在1861年宣布独立。

除了美国人，英国人在美国独立战争后向西扩张中获益最多。1783年签订的《巴黎条约》对美国人"极其慷慨"，但它同时对英国人也大有裨益。

时任英国首相谢尔本伯爵认为美国是一个资源丰富、具有巨大扩张潜力的新生国家，但它需要一个强大的贸易伙伴。许多美国人更喜欢与英国进行贸易，因此，这两个曾经是敌非友的国家很快就恢复了贸易往来。

西部扩张的速度越快，美国的商业发展也就越快。美国商业发展得越快，英国的商业就能从中受益更多——促进密切的外交和商业合作非常符合英美两国的利益。《巴黎条约》既是一项和平协议，也是一项商业协议。

谢尔本认为，如果英国能击败欧洲竞争对手，两国都将受益匪浅。《巴黎条约》将恢复英国因在美国独立战争中战败而受损的国际声誉，但该条约和英国与西班牙、法国和荷兰共和国分别签署的其他条约一起削弱了美国战前盟友的地位。曾经的殖民统治者英国，现在成了美国的主要贸易伙伴。或者正如心怀不满的法国外长韦尔热纳所说："英国人购买和平，而不是创造和平。"

回顾过去，英国或许买到了和平，但为此付出了巨大的代价：伤亡、金钱、资源、声望以及美国殖民地的丧失。《巴黎条约》与其说是一项和平条约，不如说是一项商业协议，但它也是机敏、娴熟的外交手段的典范，它使英美两国在同等程度上受益。如果英国在处理战前外交事务时能像签署《巴黎条约》一样明智，那么美国可能在相当长的时间里仍会是英国殖民地。但事实是，他们战前的做法并不明智，因此导致了一场旷日持久的血腥战争。这场战争最后以英国战败、美国独立宣告结束。

约克镇大捷和《巴黎条约》签订后，战前英国遏制美国扩张的野心已无关紧要。美国已不再是英国的殖民地，它可以也必然会向西扩张。一系列令人厌恶的战前税收法案、旨在限制美国贸易和扩张的宣言和法规都不复存在了。伦敦的打压不但没有遏制人们对政治、地理和经济扩张的渴望，反而激发了它们。英国的不妥协和13个殖民地的反抗共同改变了历史进程。

29

探索美国西部

刘易斯和克拉克开启了一段穿越未知地域的漫长旅程，
途中时时面临危险与发现

乔纳森·哈特富尔

1783年独立战争结束时，美国的开国元勋们对这片广袤大陆有着宏伟的理想，但他们对其广阔的地貌和生活在这里的人们却知之甚少。这是一片令人难以置信的荒野，充满了各种可能性和危险，梅里韦瑟·刘易斯和威廉·克拉克出发时并不确定能否安全返回。

当拿破仑·波拿巴提出出售法国殖民领地路易斯安那时，美国的版图即将发生巨大变化。路易斯安那占地214.45万平方千米，相当于美国当时的国土面积。1803年，托马斯·杰斐逊总统迅速与法国谈判，最终以1500万美元的价格购得路易斯安那。他非常清楚自己想从这笔交易中得到什么。他迫切地想要知道是否存在一条连接密西西比河和太平洋、能够大幅提升东西部贸易可能性的西北通道。在购买计划正式宣布的6个月前，他就曾经秘密请求国会批准并资助探索这条路线。

杰斐逊总统已经有了完美的探险队领队人选——他的秘书梅里韦瑟·刘易斯。刘易斯是一名退伍军人，身材魁梧，对野生生物研究有着浓厚的兴趣，对总统绝对忠诚，对工作尽职尽责。刘易斯接到任命后立即着手准备。他学习航海课程，钻研有关该地区地理和人口的所有信息。然而，刘易斯知道，尽管做了充足的准备，旅途中还是会充满无数的意外。

刘易斯邀请他的前指挥官威廉·克拉克作为副船长加入他的队伍，这在一定程度上是出于对这次航行外交属性的考虑。克拉克欣然接受了邀请。他们将向西进途中遇到的美国土著部落传达：殖民地已经独立，要臣服于新主人的统治——他们希望借助赠送礼物（其中包括一枚特别铸造的硬币）和展示强大的火力来完成这一艰难的对话。克拉克作为士兵和拓荒者的经历，加上刘易斯强有力的领导能力和外交手腕，使他们成为完美的搭档。

刘易斯驾驶着新建造的运河船从匹兹堡沿俄亥俄河顺流而下，在肯塔基的路易斯维尔附近与克拉克会合，之后他们在伍德河建立了冬季训练

刘易斯和克拉克在萨卡加维亚的陪同下探险

营。探险队共有33名核心成员，他们将于1804年5月14日从密苏里河出发。

航行一开始并不顺利。船员有时纪律涣散。5月17日，3名男子因擅离职守而被军法审判，刘易斯自己也在5月23日收到了警告。那天，刘易斯从6米高的悬崖失足摔了下来，幸亏他用刀插住岩壁，勉强保住了性命。刘易斯意识到开小差是一种危险的习惯，探险旅程没有犯错的余地。但这次意外并没有阻止他继续前进。

天气很好，但行程却很艰难。船员们需要经常清理湍急的密苏里河，船只才能够自由通行，而且蚊子、蜱虫和疾病等问题日益严重。这年夏天，查尔斯·弗洛伊德中士因患阑尾炎而病故，这是探险队唯一的一次死亡事件。深入森林的旅程让探险队获得了许多新发现。8月3日，他们与奥托和密苏里土著的会面进行得非常顺利，通过演讲和交换礼物，刘易斯和克拉克得到了预期的友好款待。8月30日，他们与扬克顿苏人的会面再次获得了成功。9月初，探险队进入大平原，在那里，他们看到了之前从未见过的大群动物。这时，探险行程的自然探索任务真正开始了。今天已被视为典型美洲动物（例如麋鹿、野牛、土狼和羚羊）的兽群，在这些来自东部的白人看来是令人敬畏的全新发现。但是，这片土地不只是这些动物的家园，探险队即将得到警告：他们已经非法入侵了美国土著居民的家园。

尽管到目前为止，探险队与美国土著部落的每一次接触都是和平的，但是，当他们9月在南达科他附近遭遇蒂顿苏人（现在称为拉科塔苏人）时，双方的紧张关系迅速升级。探险队曾得到这个部落可能不太友好的警告。双方进行了多次艰难的会面，在蒂顿苏土著向探险队索要一艘船只被拒之后，冲突似乎已不可避免。幸亏部落首领黑水牛（Black Buffalo）的介入，危机才得以解除。但是克拉克的日记显示，他并未释怀，他将美国土著称为"野蛮种族的恶棍"。

探险队继续向北行进，在10月底到达了曼丹定居点（一个人口稠密地区，人口数量比华盛顿特区还多）。因为这里的天气比他们经过的任何地方都要寒冷，探险队很快开始建造冬季营地——曼丹堡。正是在这里，他们做出了这次旅程中最重要的决定之一。他们雇用了皮毛商人，法裔加拿大人图森特·沙博诺和他16岁的肖肖尼族妻子萨卡加维亚做翻译。刘易斯和克拉克要向山区进发，虽然他们不知道山区范围有多大，但他们知道他们需要马匹。精通当地语言的翻译对于进行贸易和安全通过该地区来说至关重要。萨卡加维亚在冬天生下了她的儿子让·巴蒂斯特（克拉克昵称他为蓬普）。许多人认为，正是这个女人和她的孩子的陪伴，才使得探险队在接下来的旅程中受到部落的热情款待。

在派出一支小队把途中发现的样本送回圣路易斯之后，探险队于4月7日再次出发。他们探索未曾涉足的田园乡村，度过了一段美好的时光。雇用萨卡加维亚很明显是一个明智的决定。她不仅帮助探险队寻找食物，告诉他们什么能吃、什么不能吃，还在翻船时沉着冷静地抢救重要文件。然而，6月初，旅程险些陷入绝境。探险队到达密苏里河的岔口后，刘易斯和克拉克必须在没有任何线索的情况下选择继续前进的方向。如果他们选错了，探险队就会完全偏离路线。当他们终于到达正确路线会经过的瀑

一张1954年的美国邮票，上面印着刘易斯和克拉克

▲ 刘易斯和克拉克沿着密苏里河向西行进

布时，所有人都如释重负。然而，正确的路线并不好走，除了大瀑布这个巨大挑战之外，他们还不断受到熊和响尾蛇的威胁，一些船员在途中病倒了。

探险队必须带着他们的所有装备和供给绕开大瀑布，完成29千米长的艰难跋涉，因为他们已经没有回头路了。令人难以置信的是，船员们齐心协力完成了这项惊人的壮举。他们的成功证明他们意识到了这一使命的重要性，同时也证明了刘易斯和克拉克卓越的领导能力。在这段艰辛的旅程中，除了时间和刘易斯对那艘无法航行的铁架船①的梦想，他们没有失去任何一个同伴。

时间当然是至关重要的。尽管他们在第二次遇到分岔口时做出了正确的选择，但是冬天即将到来，他们还有很多山脉要穿越。如果要到达目的地，他们必须去肖肖尼部落，与之交换马匹。萨卡加维亚小时候曾在肖肖尼部落生活，在她的帮助下探险队逐渐向肖肖尼部落靠近。然而，要找到这个部落非常困难。刘易斯带着一个侦察兵离开了队伍，克拉克和其他队员继续向河的上游前进。当刘易斯亲眼看到他们要穿越的整个山脉时，他备受打击，因为这里根本看不到能够穿过落基山脉的西北通道。

最后，探险队终于找到了肖肖尼部落，这里的肖肖尼人之前从未见过像他们这样的陌生人。萨卡加维亚为探险队翻译时，发现部落首领卡密威特竟然是她的哥哥。幸运之神的眷顾使探险队顺利得到了穿山越岭所需要的马匹。

在肖肖尼营地休整了两个星期后，9月，探险队在一个名叫老托比的肖肖尼族向导的带领下，从比特鲁特岭出发开始穿越落基山脉。当时的天

---

① 在穿越大瀑布途中，刘易斯曾尝试建造一艘铁架船，但未能成功。——译注

▲ 刘易斯、克拉克和他们的向导萨卡加维亚在比特鲁特山脉（位于现在的爱达荷州）

气状况对他们不利，老托比也一时迷了路。探险队面临着在未来两个星期忍饥挨饿的危险。9月23日，他们终于找到了内兹珀斯人的定居地。当地土著没有为难这些可怜的、饥肠辘辘的探险队员。事实上，他们非常好客。他们为探险队提供了两周的住宿，甚至还教他们一种建造独木舟的新方法。探险队的第一次顺流而下的旅程看起来极其轻松和幸运，但实际上急流是非常危险的。当探险队沿着危险水域顺流而下时，他们受到了极大的关注。这一次他们再次战胜了困难。

11月7日，克拉克确信他就要看到太平洋了。他写道："海洋就在前方！啊！喜悦难以言喻……前方就是我们期待已久的太平洋。我似乎已经听到海浪拍打礁石（我猜会有礁石）发出的咆哮声。"他大错特错，他们距海岸还有32千米，在恶劣天气下，他们花了一个多星期才于11月18日到达失望角（Cape

来到密苏里河的分岔口时，刘易斯和克拉克必须做出选择。如果他们选择错误，就会完全偏离路线。

Disappointment）。克拉克写道："……船员们看起来都非常兴奋，看到冲击着礁石的巨浪和浩瀚的海洋，他们惊叹不已。"就这样，探险队到达了太平洋，完成了他们的使命。刘易斯和克拉克选择投票决定在哪里建造他们的冬季营地，这是美国历史上第一次有奴隶（约克）和妇女（萨卡加维亚）参与的投票。冬天很难熬，连绵不断的大雨令船员们情绪低落。第二年3月探险队使用克拉克新绘制的地图踏上了回家的旅程。回程也许相对较短（只有6个月），但是同样危机重重。他们与黑脚印第安人发生了一次暴力冲突，在战斗中杀死了两名印第安人。1806年9月23日，探险队终于在出发两年半后重新回到圣路易斯。

　　刘易斯、克拉克及其探险队探索了白人从未到过的未知地域。他们有许多新发现，不管是动植物（灰熊、野牛、大角兽、狼等），还是他们遇到的美国土著部落，这些发现都帮助华盛顿特区更深入地了解了这个国家，并改变了迅速发展的美利坚合众国的版图。

航行归来后的生活
这对无畏的搭档回来后发生了什么？

　　刘易斯和克拉克被誉为民族英雄，托马斯·杰斐逊总统为表达他的喜悦之情，下达了两个政治任命。然而，对刘易斯来说，这些荣誉并没有帮他找回内心的平静。被任命管理路易斯安那地区后，他为履行职责疲于奔命，经常陷入阴暗情绪，酗酒也越来越严重。1809年10月12日，刘易斯在前往华盛顿的途中开枪自杀，就此结束了他的悲剧。

　　克拉克的生活因阅读变得更加快乐。他担任了印第安人事务的代理人，于1808年结婚，之后管理密苏里地区长达10年。尽管在与拉科塔苏人发生暴力冲突后，克拉克对他们言辞刻薄，但他对待美国土著的公正态度（有人指责他过于同情土著）让他名声鹊起。萨卡加维亚和图森特把小让·巴蒂斯特交给他照顾。1812年萨卡加维亚去世后，他继续抚养让·巴蒂斯特，这个年轻人后来去了欧洲。

▲ 威廉·克拉克（左）和梅里韦瑟·刘易斯（右）的画像，画于1807年

▲ 萨卡加维亚对前方路线的了解对于刘易斯和克拉克的探险队来说是无价的

重要发现

灰熊
灰熊比探险队员之前见过的任何熊都大得多。在遭遇灰熊威胁时,他们开了十多枪才把它打倒。

草原犬鼠
这些生物,尤其是它们在相互连接的洞穴(被称为"城镇")中生活的方式令刘易斯和克拉克着迷。

野牛
探险队对在荒野见到野牛毫无准备。刘易斯在日记中曾描绘过一头友好的小牛,它十分害怕刘易斯的狗。

旅途

追随无畏的探险者踏上穿越路易斯安那的旅程

01. 伍德营,1804 年 5 月 14 日

这里是他们开始筹备探险的地方。他们准备补给,训练士兵,强调行程的重要性,并在出发之前严明纪律。

02. 拉科塔苏族,1804 年 9 月 25 日

虽然探险队与美国土著部落的几次接触都是和平的,但他们在南达科他皮埃尔附近的河上与拉科塔苏人的遭遇却险象环生。如果没有部落首领的干涉,这次旅程很可能就此结束。

03. 曼丹堡,1804 年 10 月至 1805 年 4 月

探险队到达曼丹-希达察定居点,为建造冬季营地——曼丹堡做准备。刘易斯和克拉克派人把旅途中的发现和日记送回圣路易斯。萨卡加维亚加入探险队。

04. 未知分岔口,1805 年 6 月 1 日

探险队意外来到密苏里河的一个分岔口,这是一个重要抉择,也是一场赌博。当探险队员看到大瀑布时,他们知道自己做出了正确的选择。

05. 大瀑布,1805 年 6 月 13 日

刘易斯和克拉克曾对大瀑布有所耳闻,但当他们面对大瀑布的五股支流时,他们意识到在地面上绕过瀑布前进将是漫长而又艰巨的旅程。

06. 三岔口,1805 年 7 月 22 日

当探险队到达密苏里河的三岔口时,它在地图上还未被标记。刘易斯和克拉克知道,如果走错岔路,翻越山脉将越来越危险。

07. 肖肖尼人,1805 年 8 月 17 日

找到肖肖尼人定居点后,萨卡加维亚与她的族人团聚。刘易斯和克拉克派她去谈判购买马匹的价格,他们非常幸运,萨卡加维亚的哥哥竟然是部落首领。

08. 比特鲁特山脉,1805 年 9 月 11 日至 23 日

在肖肖尼族向导的陪同下,探险队出发进入山区。他们一方面对穿越落基山脉的长途旅行准备不足,另一方面要应对恶劣天气和忍饥挨饿的挑战。

09. 内兹珀斯,1805 年 9 月 23 日至 10 月 7 日

他们找到出路,走出山区,进入内兹珀斯印第安人的村庄。当地人很同情这些饥肠辘辘、衣衫褴褛的探险队员,帮他们为旅程的最后阶段做准备。

10. 克拉特索普堡,1805 年 11 月 24 日至 1806 年 3 月 23 日

探险队终于抵达太平洋。他们投票决定在哪里建造冬季营地。当船员们梦想着回家时,刘易斯忙着绘制新改进的地图。

土狼

刘易斯和克拉克在晚上听到了"草原狼"的嚎叫声。欧洲人对这种动物十分熟悉,但探险队员们对它们一无所知。

银艾草

1804 年 10 月,探险队员第一次看到银艾草,它是一种"芳香的草本植物",在大片西部地区蔓延生长。

印第安烟草

作为一名烟草种植者,刘易斯对他在旅途中遇到的两种烟草产生了兴趣。他记录了阿里卡拉斯部落如何种植和收获这些作物。

道格拉斯冷杉

在旅程快结束时,探险队看到了各种各样的冷杉树,刘易斯尝试在他的日记中描述了 6 种,其中包括道格拉斯冷杉。

山人

加入坚韧不拔的拓荒者行列吧!

斯科特·里夫斯

蛮荒西部的前身是西部的一片荒野——这是一片广袤无垠、无人知晓的土地，是地图上东部殖民地和西部海岸线之间的大片空白。美国人相信他们的天命就是要在整个北美大陆扩张，为了实现这一目标，他们需要一群坚韧不拔的拓荒者来开辟道路。

很多山人（mountain men）因为皮毛贸易来到西部。毛皮猎人会在边疆之外销声匿迹几个星期、几个月甚至几年，然后带着一车车海狸毛皮和关于巨型岩石、大盐湖以及热水从地洞中喷涌而出的故事归来。

在寻找最好的皮毛和最大载量运输工具的过程中，这些西部拓荒者发现了最快捷和安全的路线。他们开辟出可供骡子通行、去往年度贸易集会的道路。山人通常是美国土著部落居民见到的第一个白人，有时也是最后一个，山人不时会与因被侵占土地而憎恨白人的土著勇士发生小规模冲突。

19世纪40年代，毛皮贸易开始衰退，但山人能提供的服务却供不应求。想要在西部定居的移民希望找到有经验的向导带他们安全穿越山脉和平原；淘金者想要知道去加利福尼亚和蒙大拿致富的最快路线；华盛顿特区的政客们派出美军进行测绘，想要填补地图上的空白。没有人比山人更有资格向这些人提供帮助。

从早期的西部探险到帮助移民在遥远的西部定居，让我们来了解6个推动美国边疆向西扩张的山人。

丹尼尔·布恩 1734—1820 年
最知名的成就：成为第一个边疆英雄

丹尼尔·布恩（Daniel Boone）出生在宾夕法尼亚州的一个贵格会家庭，那时美国的西部边疆线是阿巴拉契亚山脉。布恩长大后很快就学会娴熟地使用步枪，成为一名猎人。在北卡罗来纳成家并安顿下来后，他不时会在荒野中消失几个星期或几个月，然后带着毛皮回来交易。在探险中，他发现了穿越阿巴拉契亚山脉的捷径，进入了白人定居者从未到过的地域。

面对与日俱增的经济压力，34岁的布恩决定开启一场比以往任何一次都更长、更危险的狩猎——在肯塔基为期两年的探险。肯塔基是阿巴拉契亚山脉以西一片几乎未被探索过的肥沃土地。尽管布恩曾被当地的肖尼人（Shawnee）俘虏，但他还是在1772年回到了那里。1773年，他举家搬迁，尝试在肯塔基定居，但未能如愿——布恩的大儿子被充满敌意的当地土著杀害。

1775年，布恩再次尝试迁居肯塔基，这次他计划穿越坎伯兰山口，也就是后来的荒原之路。当年年底，布恩和他的家人成功在肯塔基的一个小镇安顿下来，这里后来以他的名字命名为布恩斯伯勒。尽管受到美国独立战争和肖尼人的干扰，布恩仍然坚持到远离家园的区域拓荒。到他去世的时候，对他冒险生活的报道已经鼓舞了成千上万的定居者沿荒原之路来到肯塔基加入拓荒的行列。

▲ 1784年，为了鼓励移民迁往肯塔基，布恩的传记被出版，他成为第一个边疆英雄

杰迪代亚·史密斯 1799—1831 年
最知名的成就：绘制西部地图

尽管杰迪代亚·史密斯（Jedediah Smith）出生在纽约州，但他非常渴望去美国西部看看。23岁时，他看到了威廉·阿什利和安德鲁·亨利创办的一家皮毛贸易公司的招聘广告，因而来到了密苏里州的边疆小镇圣路易斯。史密斯很快获选了阿什利和亨利公司"有进取心的年轻人"，负责沿密苏里河诱捕猎物。他成功完成任务，受邀成为皮草公司的合伙人。

在第一次西部探险中，史密斯发现了穿过落基山脉的南山口。在之后的探险中，史密斯继续向西推进，两次进入加利福尼亚，墨西哥的政府官员对他的到访心存怀疑。他的两次返程都是开创性的，一次在盛夏穿越大盆地沙漠，另一次向北穿越俄勒冈。

史密斯不只是一名毛皮猎人，他很清楚他的探险对整个国家的价值。大多数捕兽者为了自己的利益对这条路线严格保密，但史密斯很快就写信给战争部长约翰·伊顿，向他汇报了穿越落基山脉的南山口位置。史密斯对线路做了详细的笔记和图示，对西部的自然、地形和地质进行了观察和记录，首次为了解这一地区提供了宝贵的信息。

▲ 史密斯留长发是为了掩盖他头侧的伤疤，那是一次差点儿让他丧命的灰熊袭击造成的

约瑟夫·米克 1810—1875 年
最知名的成就：从捕兽者变成政治家

约瑟夫·米克（Joseph Meek）作为一名捕兽者为落基山毛皮公司工作了 10 年。虽然他技术娴熟，但也无法保证在这种危险的生活方式中毫发无损。19 岁时，米克的捕兽队被一群黑脚战士打散，他孤身一人历尽艰辛，穿越黄石公园才回到安全区。然而，与许多人相比，米克进入捕兽行业相对较晚，当时皮草业已经开始衰退。1840 年，米克决定停止捕兽，他和一群定居者一起踏上了俄勒冈小道。与他同行的许多山人无法适应定居生活，米克却在图瓦勒顿山谷安家，积极建设家园。米克意识到越来越多的移民正迁往这一地区，因此，在尚普伊镇的一系列会议上，他发挥关键作用，推动建立了临时政府来领导和管理这个日益繁忙的小镇。

在米克 10 岁的女儿不幸丧生于一次土著袭击后（该袭击造成 14 人死亡），米克前往华盛顿特区，面见詹姆斯·波尔克。他说服总统占领俄勒冈地区，使其在 1848 年归为联邦领土。米克因此被任命为该地区的警察局长，这个曾经居住在边疆外蛮荒山野里的山人，担负起了执法边疆的重任。

▲ 米克是波尔克总统的表亲，这使他有机会接近这个国家当时最有权力的人

基特·卡森 1809—1868 年
最知名的成就：在廉价小说中成为山人超级明星

基特·卡森（kit Carson）知道鞍具师学徒的生活不适合他，于是在 15 岁那年，他和一群商人跑掉了。为了维持生计，他做过许多工作——做饭、开车、挖矿——最后他成为毛皮捕兽者。

在与充满敌意的美国土著部落的多次遭遇中，卡森为自己赢得了反印第安战士的称号，并似乎因此自鸣得意。在 19 岁的首次捕兽之旅后，他开始致力于消除土著威胁，甚至在 1838 年无情地摧毁了遭受天花侵袭的黑脚村。

1842 年，卡森在一艘汽船上遇到了一个决定他命运并帮助他扬名全美的人。这个人就是约翰·弗雷蒙（John Frémont），美国陆军的一名少校。为了完成绘制西部地图的任务，弗雷蒙雇用卡森做他的向导。在接下来的 4 年里，这两位开拓者一起绘制了向西部输送移民的动脉——俄勒冈小道的地图。他们还一起探索了墨西哥的阿尔塔加利福尼亚省，煽动了导致加利福尼亚被美国兼并的熊旗起义。

弗雷蒙对卡森的作为和勇气大加赞赏，这令卡森的名字在东海岸家喻户晓。随后，卡森的生活被廉价小说作家锁定，他们极尽夸张地描绘了他的探险经历和他与印第安人的战斗经历，让卡森成为通俗小说的巨星。

▲ 卡森火速穿越整个大陆，向总统汇报加利福尼亚起义和发现黄金的消息

吉姆·布里杰 1804—1881 年

最知名的"成就":抛弃休·格拉斯

吉姆·布里杰(Jim Bridger)是探险范围最广的山人之一。18岁时,他开始了自己的冒险之旅,成为阿什利和亨利公司最年轻的毛皮猎人之一。在接下来的46年里,布里杰成为探索西部大片疆域的先驱——他是第一批发现黄石公园自然奇观和大盐湖的拓荒者。

布里杰在指导美国陆军绘制地图方面发挥了重要作用。1850年,他带领斯坦斯伯里探险队穿越了谢拉马德雷山脉中的布里杰山口(该山口后来以他的名字命名),带领另一支探险队抵达杰克逊霍尔和大提顿山脉。他还发现了布里杰小道——一条通往蒙大拿金矿的替代路线,也是一条更安全的路线,无数的探矿者都曾使用这条路线。

然而,人们永远不会忘记他抛弃了休·格拉斯,特别是在好莱坞把这个故事拍成电影《荒野猎人》之后。

格拉斯因惊吓了一头带着两只幼崽的母灰熊而遭到攻击,身受重伤。他的两个同伴——吉姆·布里杰和约翰·菲茨杰拉德自愿留在他身边,承诺陪伴他直到他死去,然后埋葬他的尸体。但是,他们没有信守诺言——也许是被当地的阿里卡拉战士吓跑了,也许只是厌倦了等待——他们抛弃了格拉斯,留他一人独自面对死亡。然而,格拉斯并没有死,他在没有任何补给的情况下,艰苦跋涉200英里,回到了安全地带。格拉斯找到抛弃他的同伴理论并与他们发生了冲突。

▲ 休·格拉斯认为布里杰处境艰难,因此原谅了这个年轻的猎人

吉姆·贝克沃思 1798—1867 年
最知名的成就：成为最杰出的黑人山人

吉姆·贝克沃思（Jim Beckwourth）出生在奴隶家庭；他的母亲是奴隶，他的父亲是她的主人。在二十五六岁获得自由后，贝克沃思和毛皮猎人一起在密苏里州西部做毛皮生意。贝克沃思在当地的克罗部落生活了八九年，在此期间他一直参与土著的捕兽活动，同时也参与了克劳部落对黑脚族敌人的突袭——偶尔也会参加对白人的突袭。

1837 年，贝克沃思离开他的克罗族妻子，回到了白人社会。他加入美军，与佛罗里达的塞米诺尔人作战。战争结束后，他在科罗拉多建立贸易站。之后他又紧跟淘金热潮，在萨克拉门托开办了一家商店，为"49 淘金者"提供食物和工具。但是，店主生涯并不是他的最终归宿——1850 年，他发现了穿越内华达山脉的贝克沃思山口。第二年，他又发现了贝克沃思小道。

美国内战接近尾声时，贝克沃思重新加入美军，帮助指挥对抗夏延族和阿帕奇族的行动，在这一过程中，他经历了沙溪大屠杀。在这次冲突中，虽然夏延族人在一名美国军官建议的区域露营，并在显眼的地方竖起星条旗和白旗以示投降，但他们还是遭到了无情的杀害。这一事件引发了争议，也破坏了贝克沃思在夏延族人心中的良好形象，为他致力于改善白人定居者和美国土著部落之间关系的拓荒生涯画上了悲伤的句号。

▲ 因为被误认为酋长失散的儿子，贝克沃思被克罗族所接受。他自己后来也成为酋长

西部的5种死亡威胁

就算灰熊打不倒你,其他"朋友"也会打倒你——几乎没有什么职业比山人更危险

灰熊
休·格拉斯并不是唯一一个遭到灰熊袭击的受害者——杰迪代亚·史密斯被一心保护熊崽的母熊重伤,导致终身残疾;基特·卡森被灰熊追赶到了树上;此外,还有无数人没能幸免于难。

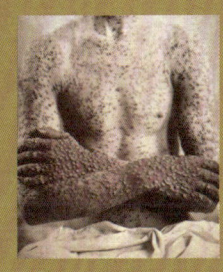

疾病
不管山人有多强壮,一旦在卫生条件极差的边疆城镇染上流行病,他们的生存机会就非常渺茫。由于缺乏适当的医疗条件,当时有多种致命疾病流行,包括霍乱、白喉、天花、肺结核、百日咳等。

野外生存
在野外孤立无援也许是最可怕的死亡方式。山人需要具备独自在野外生活的能力,并应对高山的寒冷和平原的炎热——休·格拉斯的逃生经历就是他们非凡丛林技艺的一个杰出例证。

美国土著
山人和美国土著部落之间的关系通常非常紧张,有时双方关系会恶化成赤裸裸的暴力。杰迪代亚·史密斯是众多被美国土著杀害的拓荒者之一,他在离开商队寻找水源时被科曼切战士包围。

谋杀
没有人比布恩·赫尔姆更善于钻边疆执法的空子了。他在前往加利福尼亚的途中杀了人,随后藏匿在俄勒冈,继续抢劫杀人。他甚至打算在野外食物短缺时蚕食同类。

应许之地

在向西扩张的日子里，
"宗教大觉醒"席卷了美国边疆

迈克·哈斯丘

　　成千上万的拓荒者被一场他们从未见过的盛事吸引，来到美国边疆。这里环境恶劣，生存艰难，但充满希望。人们在这里聆听关于奉献、满足、赎罪以及最终救赎的故事。

　　第二次"宗教大觉醒"拉开了序幕。1801年8月初，一两万人参加了在肯塔基凯恩岭举办的营地聚会，在他们看来，可以在这里倾听神的训导，接受神的洗礼和恩典，以期远离罪恶的生活。

　　该集会由致力于传播基督教福音的新教教派之一长老会主办，是营地聚会盛行的催化剂。在定居者越过阿巴拉契亚山脉，涌入北美大陆几乎不为人知的西部地区的日子里，这种布道方式席卷了美国边疆的林地和草原。基督教新教的另一分支卫理公会以不同的方式在凯恩岭布道。他们的牧师走进各个社区，带领人们吟唱赞美诗，举行圣餐仪式；朝圣者们走出教堂，在邻近的社区传道，教众人数不断增加。

　　美国边疆朝不保夕、九死一生的生活状态为第二次"宗教大觉醒"提供了肥沃的土壤。抚慰心灵的举动深得人心——那些来自牧师的话语更是如此。19世纪早期，新教福音已经为人们所熟知。事实上，第一次"大觉醒"早在18世纪三四十年代就在英国和它的13个北美殖民地萌芽了。在此期间，约翰·卫斯理的福音派圣公会教徒和卫理公会派信徒积极传教布道，长老会教徒、公理会教徒和浸礼会教徒也致力于传播基督教的信条和"改变整个世界"。新传教团体的形成和统治者对美洲殖民地的资源投入，为宗教信仰的扩张奠定了基础。随着人们投身基督教信条和新教影响力的持续扩张，第二次"大觉醒"塑造了美国边疆社会和文化发展的方向。联邦政府和州政府拒绝赞助或支持特定宗教，教会丧失了强迫其信徒参加礼拜或提供财政支持的权力，确立已久的宗教原则和惯例受到了挑战。对于卫理公会教徒来说，卫斯理的走向民众原则就是要越过教堂的高墙，走到人们的身边（无论他们在哪里）——向所有愿意倾听的人布道。

布里格姆·杨带领摩门教徒逃往沙漠,自此建立了犹他地界

▲ 弗朗西斯·阿斯伯里是美国卫理公会的早期领袖，也是一位杰出的巡回牧师

然而，"大觉醒"并不仅限于营地聚会，宗教复兴后，通常会形成新的教派。在这一时期，人们对人类与上帝之间的关系产生了新的想法。其中最深刻的要数《独立宣言》中提出的"人人生而平等"的思想，以及每个人都有机会得到上帝的怜悯和救赎的观念。新思想出现的作用不言而喻。在有着成千上万奴隶的美国，教会和真正的基督教教徒将怎样调和奴隶制与平等这两种背道而驰的思想？

教会因新思想频出而挣扎，信徒之间也存在分歧，公理会和长老会早在第二次"大觉醒"之前就已经分裂。神学辩论在边疆地区十分活跃，不同教会有时会联合起来推动宗教复兴。

例如，卫理公会会雇用游走在某一区域的城

▲ 这里致敬的边疆宗教领袖包括长老会成员巴顿·W. 斯通（右），他是1801年凯恩岭营地聚会的组织者之一

镇和定居点，在多个分会中为有需要的会众服务的巡回牧师。1801年长老会和公理会达成联合计划，允许双方相互协助，互相聘用牧师，并在公理会会众制和长老会议会制管理中给予双方适当的灵活处理权。浸礼会通常选择通过建立已久的教会来传道，并在短短3年时间里吸纳了一万名新教众。信奉基督教的人数在边疆各地迅速增长。1816年，美国成立了圣经协会，它唯一的目的就是向边疆地区提供圣经。

营地聚会和宗教复兴成为接触无宗教信仰者的最佳手段。在这一过程中，见证了忏悔、赎罪和救赎的许多人被带入圣坛。植根于苏格兰长老会传统的营地聚会无比壮观，信徒们满怀热情地跳舞、翻滚、喊叫和唱赞歌。尽管凯恩岭营地聚会作为最大规模的此类集会之一被人们铭记，但事实上牧师们穿越边疆举办了数以百计的类似聚会。仅在1811年夏天，卫理公会就举办了400场营地聚会。

营地聚会不可避免地也受到了批评。历史学家菲利普·沙夫参加了一次营地聚会并在1849年写道："那里有人跳起，有人摔倒，有人哭泣，有人哀号，有人呻吟，有人叹息，所有人都在困惑中祈祷，粗俗地唱着最庸俗的街头歌曲，这一切会令受过教育的人厌恶，令虔诚的基督徒痛苦。"

然而，也许是在无意中，沙夫触及了第二次"大觉醒"的本质。宗教在塑造人们思维方式的方方面面都起到了显著作用，这包括他们对待同胞的方式，对罪恶的定义，对人死后灵魂仍然存在的信仰，在边疆的艰辛中因信仰而得到的安慰，以及对教会组织和任务的深刻认识。

伴随着第二次"大觉醒"，神职人员是普通人和上帝之间桥梁的观念消失了。对于基督徒来说，神职人员不再是独立的精英阶层。从逻辑上

▲ 在美国边疆的一次营地聚会上，一名传教士正在向众人布道

来看，普通教众与上帝建立个人联系的机会出现了。个人自由论超越了宗教和日常生活，逐渐成为美国行为准则中的基本思想。

在第二次"大觉醒"一个半世纪后，圣母大学教授内森·哈奇称卫理公会是"美国历史上最深刻的宗教运动，它的发展是美国作为共和国出现的核心特征"。卫理公会的巡回牧师是边疆生活方式中再熟悉不过的一部分，就连定居者自己都会说：在拓荒者的斧头发出"咚咚"的声音后，首先听到的会是友好的卫理公会巡回牧师的问候："你好！"。据说美国卫理公会首任主教弗朗西斯·阿斯伯里作为一名巡回牧师，平均每年要骑行8000千米。

长期以来，新教在美国政治领域中一直发挥着重要作用，第二次"大觉醒"后，它的地位进一步提升。然而，当时的一些社会问题——尤其是奴隶制问题——在东北部城市、南部种植园和西部边疆的信徒中播下了分歧的种子。截至1845年，美国三大新教教派长老会、浸礼会和卫理公会已因奴隶制问题而分裂为南北分支，它们当中的许多分支在接下来的一个世纪里一直处于分裂状态。

一些历史学家指出，1850年左右，美国开始了第三次"宗教大觉醒"。在此期间，美国新教教会的发展趋于成熟，各教派均被视为城市中的一股政治和社会力量。宗教在消除阿巴拉契亚山脉以西拓荒者的忧虑和给予他们慰藉的同时，也引入了关于人类与上帝以及人类同胞之间关系的激进观点，破坏了社会现状。

18世纪中期，宗教思想的表达自由促进了新观点的形成。新的教派纷纷出现，其中包括唯灵派；米勒派，即威廉·米勒的追随者，他们相信基督的第二次降临即将在1843年至1844年的某个时候到来；摩门教，即约瑟夫·史密斯的追随者，他们越过落基山脉向西迁移；还有震颤派。

美国边疆的宗教塑造了西进运动和北美大陆定居点的特征；成就了独特的在日常生活中审视宗教本质的美国视角和身份；推动了提倡高尚生活的一系列运动；并帮助美国在努力解决刚刚萌发的（有些甚至持续至今的）社会文化问题的同时，对其忠实信徒发挥政治影响。

后期圣徒运动

由于在中西部地区受到迫害，耶稣基督后期圣徒教会的成员向西迁移

1830年由约瑟夫·史密斯创立的耶稣基督后期圣徒教会的成员，或称摩门教徒，由于其独特的信仰、群体生活方式和一夫多妻制，在边疆成为被怀疑和仇恨的对象。摩门教徒受到迫害，被驱逐出包括俄亥俄州、密苏里州、伊利诺伊州和艾奥瓦州在内的中西部地区。因此，他们需要寻找一个"新耶路撒冷"，一个他们可以无所畏惧地实践信仰的地方。

1847年，摩门教徒向西出发，穿越大平原和落基山脉。同年夏天，在跋涉了几百英里之后，他们来到了大盐湖旁边的平原，并决定在那里定居。截至1850年，已有近5000名摩门教徒来到这里，扎根于此。尽管摩门教徒追求与世隔绝，但他们不可避免地卷入了美国西进运动、墨西哥战争以及后来与美国政府的争端。1896年，主要由摩门教徒创建的犹他地区加入了联邦。

▲ 摩门教信徒为了西部宗教自由的希望离开了伊利诺伊州

从东海岸到西海岸

1783年,《巴黎条约》为美国独立战争画上句点后,美国人开始放眼西部,开疆拓土

罗伯特·沃尔什

1836年的阿拉莫之战,它在美国国土向西南扩张到得克萨斯的进程中起到了决定性作用

尽管向西扩张对美国土著来说是一场噩梦，并遭到墨西哥人的反对，但它是许多美国人的梦想。自17世纪初美洲殖民地建立以来，殖民地人民就渴望向所有充满机遇的地方扩张。长期以来，英国的殖民政策、战争以及人力和物流等实际问题阻碍了他们实现这一梦想的步伐。

早在19世纪美国领土沿海岸线大举扩张前的几十年里，非正式扩张就已经开始。在《1763年皇家宣言》颁布、独立战争爆发和1783年《巴黎条约》签署之前，定居者就已经开始向西迁移。

《1763年皇家宣言》试图禁止殖民地人民向阿巴拉契亚山脉以西迁移，但是由于执行不力且经常被忽视，结果反而加深了殖民地人民对英国殖民政策的怨恨。

1781年约克镇大捷后，英国殖民统治结束，美国和外国定居者终于可以在没有殖民干预的情况下进一步扩张。他们毫不犹豫，立刻行动，因为他们认为，如果不扩张领土，国家建设将极难推进。

《巴黎条约》签订20年后的1803年，购买路易斯安那几乎在一夜之间使美国的国土面积增加了一倍。1836年，得克萨斯共和国成立。1845年，它加入联邦，成为美国的第28个州。

通过与英国签订一系列条约，美国实现了北部领土扩张，尤其是向俄勒冈地区的扩张。19世纪40年代早期的领土扩张为后来通过外交和战争策略扩张领土奠定了基础。

1841年，威廉·亨利·哈里森总统去世，为积极的扩张主义者、副总统约翰·泰勒创造了机会。泰勒迅速宣誓就职，成为美国历史上任期最长的非民选总统。

1842年，泰勒的国务卿丹尼尔·韦伯斯特签署了著名的《韦伯斯特-阿什伯顿条约》，确

虽然墨西哥再三控诉，但是美国政府几乎没有采取任何行动来遏制在墨西哥领土上制造麻烦的行为。

定了缅因州和英国北美领土（即今天的加拿大）之间的边界。

该条约的其他条款还包括共同使用五大湖，达成对某些罪行的引渡协议，重申1818年确立的落基山脉边界，确定苏必利尔湖和伍兹湖之间的边界，以及结束公海上的奴隶贸易。此时，英国已经废除奴隶制，而美国还没有。

事实证明，《韦伯斯特-阿什伯顿条约》在美国非常受欢迎。不久后，泰勒开始关注另一片潜在的扩张区域：得克萨斯共和国。然而，事与愿违，俄勒冈问题率先出现。长久以来，俄勒冈地区的归属问题一直很棘手。英美两国各占领了俄勒冈的部分地区，但是美国的扩张野心和公众舆论都倾向于美国占领整个俄勒冈。

1846年，《俄勒冈条约》解决了两国对俄勒冈地区的主权争端。俄勒冈地区包括现在的

▲ 约翰·泰勒出人意料地接任总统，开启了始自得克萨斯的向西扩张

▲ 1848年，加利福尼亚发现了大量黄金。淘金热改变了美国西海岸的面貌

俄勒冈州、华盛顿州、爱达荷州、蒙大拿州和怀俄明州的部分地区以及英属哥伦比亚省的部分地区。

1844年，詹姆斯·波尔克凭借扩张主义纲领当选总统，他希望废除《1818年条约》，以满足美国占领整个俄勒冈地区的渴望。然而，1846年的《俄勒冈条约》并没有使美国得到该地区的完全控制权，两国沿49°北纬线划分了该地区，但妥协对双方都有利。

英国有俄勒冈以外的其他问题要处理，美国也因与墨西哥关系的恶化而焦头烂额——美墨因得克萨斯共和国加入美国而处于战争边缘。虽然1846年的《俄勒冈条约》以和平的方式解决了英美争端，但向西南地区的扩张却冲突不断。

打败墨西哥独裁者圣安纳将军后，得克萨斯成为独立共和国。开展兼并得克萨斯的宣传活动成为泰勒总统执政初期的主要政治行动之一。他暗示，英国要夺取得克萨斯，废除其奴隶制，并把美国棉农赶回本国，将严重损害美国南方经济。

泰勒对扩张主义和民族主义情绪的煽动非常有效，他支持奴隶制和兼并得克萨斯的政治主张在南部地区尤为受欢迎。和泰勒一样热衷于兼并得克萨斯的还有波尔克总统、前田纳西州州长萨姆·休斯敦及得克萨斯共和国总统。

1845年，休斯敦被选为美国参议员，这在一定程度上要归功于他帮助得克萨斯共和国加入联邦，成为美国第28个州。得克萨斯的加入完美契合了扩张主义者想在具有重要战略意义的地区扩张美国领土的想法，但它同时也引发了1846年的美墨战争。

兼并得克萨斯使很多美国人欢呼雀跃，却也

扩张，神圣的权利

许多美国人开始相信扩张是他们与生俱来的权利，是天定命运

随着美国人口的增长，人们对生活空间和自然资源的需求也随之增加。除此之外，美国人还需要一个意识形态上的理由以向西扩张，这比纯粹的物质需求更加重要。出于物质需求、政治目的和宗教理想的考量，美国人开始行动，逐步向西扩张。

这一信条直到19世纪40年代才被命名为"天定命运"，但在此之前，这一思想就已经存在。"天定命运"一词出自1845年7—8月《民主评论》的一篇文章，编辑奥沙利文是这一新词的创造者，他还在他编辑的《纽约晨报》中使用了该词。

"天定命运"的内容非常简单：上帝希望在整个北美大陆上扩张民主和资本主义。美国定居者是竭尽全力实现这一目标的天选之人。美国土著的愿望或需求充其量只是次要考虑因素。

在宗教氛围不那么浓厚的现在，我们很难想象这一召唤的力量有多么强大。它与政治阴谋一起对美国人的思想产生了强有力的影响。

根据一个拥护者所说，"我们的天定命运是在上帝赐予我们的整个大陆上扩张，使年年倍增的民众得以自由发展。"

▲ 美国人相信向西扩张是上帝安排的"天定命运"

使很多墨西哥人义愤填膺。得克萨斯前墨西哥领土的身份意味着美墨之间的紧张关系将持续存在。在得克萨斯独立前的几年里，美国商人、冒险家和殖民者就已进入该地区。随着他们人数的增加，得克萨斯独立运动也随之兴起。虽然墨西哥再三控诉，但美国政府几乎没有采取任何行动来遏制美国公民在墨西哥领土上制造麻烦的行为。失去得克萨斯损害了墨西哥人民的民族自豪感，但是美墨战争的破坏力更大。

1845年2月，美国参众两院投票决定同意得克萨斯加入联邦。墨西哥从未承认得克萨斯独立，此时宣布批准得克萨斯加入是一种挑衅行为。1845年12月，当得克萨斯公然无视墨西哥的警告而加入美国时，美墨战争爆发了。这场战争是短暂而又血腥的，它在大幅扩张美国领土的同时羞辱了墨西哥。

1845年，波尔克总统向墨西哥政府提出购买其属地加利福尼亚和新墨西哥的部分土地，并以里奥格兰德划分两国国界，但遭到拒绝，美国南部边界因未能得到明确定义而存在争议。大批美国军队被派往边境地区，这进一步激怒了墨西哥。

得克萨斯成为美国的第28个州后，泰勒、新国务卿约翰·卡尔霍恩和扩张主义游说团体态度极为嚣张。他们表示，得克萨斯已经加入联邦，墨西哥只能通过战争手段将它夺回。在波尔克、泰勒和卡尔霍恩的支持下，美国陆军将确保墨西哥的任何行动都徒劳无功。

随后，双方在得克萨斯堡、帕洛阿尔托、雷萨卡德拉帕尔马、塔瓦斯科、塞罗戈多、丘鲁武斯科、蒙特雷等地展开了一连串的血战。墨西哥军队赢得了一些战役，但没有赢得战争的最后胜利。在美军不断向前推进的过程中，他们屡遭挫败，最后，墨西哥城于1847年9月沦陷。

1848年2月2日，美国和墨西哥签署了《瓜达卢佩－伊达尔戈条约》，通过该条约美国得到了136万平方千米的墨西哥领土。

得克萨斯、加利福尼亚、内华达、犹他以及新墨西哥、科罗拉多、怀俄明、亚利桑那、俄克拉何马和堪萨斯的部分地区均被划为美国领土。得克萨斯以外的一些墨西哥领土也被割让给了美国，里奥格兰德被确定为新的美墨边界。战争虽然已经正式结束，但墨西哥和美国之间的边境冲突依然持续了很久。

无论从政治、军事还是领土意义上来说，美墨战争都是美国的胜利。但是这场战争并未赢得所有人的支持。美国国内抗议之声不断，许多美国军官认为这是一场"糟糕的"战争和一场不该发生的战争。

在内战中取得众多惊人胜利并于1869年当选总统的尤利塞斯·格兰特也是反对派中的一员。美墨战争期间，格兰特是第四步兵团的一名尉官。他称美墨战争是"最邪恶的战争"，并嘲讽其动机："我们被派去挑起战争，但关键是墨西哥人应该开战。"

在墨西哥，格兰特遇到了他的一个上级罗伯特·李。李在美墨战争中声名大振，在内战中领导南方邦联军。1865年，李的北弗吉尼亚军在阿波马托克斯与北方联邦军讨论投降条件时，他声称对格兰特毫无印象，但事实上他们曾在此前的南北战争的许多战役中交锋。

格兰特在西点军校的同学詹姆斯·朗斯特里特是李将军最有能力的邦联军副手之一，他也去了得克萨斯。得克萨斯加入联邦和美国军队大规模出现在得克萨斯为墨西哥（和某些华盛顿政客）提供了充分的开战理由。

在得克萨斯，格兰特还遇到了另一位军官威廉·特库姆塞·谢尔曼。他将对格兰特未来的成功和美国土著的命运产生重要影响——遇到谢尔曼将是美国土著最大的遗憾。

与格兰特、他的对手李和朗斯特里特一样，谢尔曼也在南北战争期间声名鹊起。他才华横溢，冷酷无情，拒绝参加任何政治活动。1869年，格兰特当选总统后，他接替格兰特成为美军总司令，直到1883年才卸任。内战期间，谢尔曼主张对反对扩张的美国土著发动全面战争。印第安战争最血腥的一幕即将登场。

美墨战争将包括阿帕奇和科曼切部落在内的美国土著领地也划归了联邦。这两个部落像他们的夏延族和切罗基族同胞一样，为抵抗美国人入侵他们的土地、夺取他们的自然资源做好了准备，他们与美军频繁交锋。当时鲜为人知的勇士杰罗尼莫，后来成了抵制美军的著名土著勇士。在接下来的40年里，美国陆军在战斗中对他有了更深刻的了解。

《太平洋铁路法》和《宅地法》在美国领土扩张过程中发挥了关键性作用，同时也是引发与美国土著冲突的主要原因。1863年1月，太平洋铁路西段在加州的萨克拉门托破土动工，1865年7月，铁路东段在内布拉斯加奥马哈附近的康

《太平洋铁路法》和《宅地法》在领土扩张中发挥了关键作用，同时，它们也是引发与美国土著冲突的主要原因。

购买路易斯安那

向西扩张不可避免会涉及军事行动和流血冲突,但外交和金钱也发挥了作用

19世纪早期,西进运动拉开序幕。军事征服虽然令美国领土得到扩张,但使美国领土得以大规模扩张的是金钱交易而不是流血冲突。在1801年被秘密割让给法国之前,路易斯安那一直是西班牙领地。由于忌惮法国,不想与之开战,美国没有出兵征服,而是出钱买下了这片土地,使美国当时的版图扩大了一倍。

购买路易斯安那的过程比预期要困难得多。当时美国政府根本没有足够的资金,也没有所得税制度来筹集资金。他们选择通过私人投资者和银行家发行债券。

美国政府通过当时的两大金融中心,也是最强大的货币市场伦敦和阿姆斯特丹发行债券。英国最古老的商业银行之一霸菱银行参与其中,阿姆斯特丹的霍普家族也发挥了重要作用。

曾经的路易斯安那领地迅速演变。1803年,它是一块面积约214万平方千米的巨大荒野,占据美国西部边疆的大半。此时,这片历史上最大规模和平转移的土地已经成为美国13个州的一部分。

▲ 购买路易斯安那是一笔巨额交易,以今天的价值来计算,它花费了约5000亿美元

瑟尔布拉夫斯开工建设。1869年5月10日,东西段铁路在犹他地区的普罗蒙特里峰接轨。

除了私人资本和公共债券的共同资助外,太平洋铁路还获得了面积惊人的联邦政府赠地。

从萨克拉门托到康瑟尔布拉夫斯的铁轨和铁轨两侧16千米范围内的土地和建筑被以365米为单位划分并排序。奇数段的部分归铁路公司所有,偶数段的部分归联邦政府所有。铁路公司可以通过出售其名下的土地来筹集更多资金,但是政府对此规定了附加条件。

如果铁路公司不能在3年内卖掉政府赠地，他们就必须以每英亩1.25美元的价格将土地卖回给政府。如果铁路公司不能按时偿还债券及其6%的利息，政府将拥有全部铁路资产。铁路公司压力巨大。美国土著成了拦路虎。

莫多克战争、1876年苏族大战和内兹珀斯战争是与美国土著常规冲突引发的血腥战争和谢尔曼军队对美国土著的无情讨伐。随着铁路建设和边疆扩张，西部冲突日益加剧，其中美国土著和推动"铁马"穿越他们领地的白人之间的冲突尤为激烈。

《宅地法》为定居者提供了免费申领密西西比河以西土地的机会，同时也引发了矛盾。据统计，截至1950年，共计约2.7亿英亩土地通过

▲ 威廉·特库姆塞·谢尔曼将军指挥了针对美国土著的敌对行动

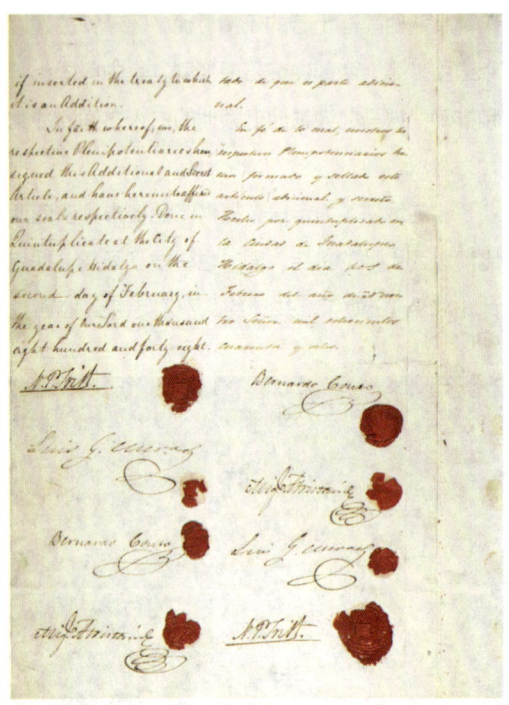
▲ 1848年的《瓜达卢佩-伊达尔戈条约》结束了美墨战争，并为美国增加了100多万平方千米的领土

《宅地法》被分配给移民定居者，条件是他们从未拿起武器对抗美国，在分配的土地上住满规定时间并积极耕种土地。

只需一份证人的宣誓书就能证明自己符合上述条件，而愿意花钱总会找到证人。大型养牛场大亨的代表常常会假扮成普通公民申领土地。在缺水地区，代表可能会申领唯一水源所在地周边的土地，不为建造农场，只为切断竞争对手牧场的水源。

国会定期修订《宅地法》，修订案增加了个人土地申领面积，并加入了新的标准使土地申领更容易。实际上，这一制度缺乏管制，极易被肆意滥用并滋生腐败，然而政府几乎没有采取任何有意义的措施来解决这一问题。投机者和大企业无情地利用它垄断石油、矿产和木材来源。

随着时间的推移，《宅地法》进一步侵蚀了美国土著的领地，把这些土地直接赠予了移民定居者。在美国政府眼里，美国土著是第一批定居者的事实并不重要，重要的是让他们离开，而不是让他们留下。

美国土著担心，随着他们的土地被逐渐吞噬，他们传统的生活方式也将逐渐消失。在很大程度上，他们的传统和文化正在走向消亡。无论过去还是现在，对于许多美国人来说，美国土著遭受的待遇都令他们感到不适。这同样对格兰特造成了长时间的困扰。

在墨西哥的日子令格兰特非常沮丧。本就反对美墨战争的他更厌恶白人定居者对待美国土著的方式。在一封写给妻子朱莉娅的信中，向来直言不讳的格兰特明确表达了自己的感受："我的看法是，如果没有白人的欺侮，这个种族会是无害、和平的民族。"

美国土著无疑受到了凌辱，而谢尔曼是罪魁祸首。他像在内战中追击南部邦联军那样残酷追击美国土著。但这种做法并没有使他在华盛顿广受欢迎。

随着拓荒者向西挺进和太平洋铁路的开通，白人定居者与美国土著部落的接触（和冲突）越来越多。谢尔曼的任务是保护定居者和铁路免受当时被称为"敌人"的美国土著的伤害。他对付美国土著的方法与他的"向大海进军"和1864年烧毁亚特兰大如出一辙。

随着边疆的西扩，美国土著要么和平投降，要么被军事征服。1830年，《印第安人迁移法》允许美国政府强迫美国土著沿着"眼泪之路"向西迁移，这只是美国土著悲剧的开始。所有抵抗谢尔曼的部落都遭受了残酷对待，这包括惩罚性袭击他们的营地以及破坏他们的财产和生存手段。

美国南北战争期间，谢尔曼的军队烧毁房屋，破坏庄稼。内战之后，他们令美国土著遭受

▲ 购买路易斯安那是在托马斯·杰斐逊总统第三届任期内完成的

了同样的伤害。虽然消灭美国土著赖以生存的野牛并不是谢尔曼下达的官方命令,但他毫无疑问默许了这一行为。谢尔曼认为他的任务是保护定居者和铁路,为此他不计代价、不顾伤亡地镇压反抗。

内战期间,谢尔曼曾经指出:"战争是残酷的。试图改变这一本质是徒劳的;战争越残酷,结束得越快。"

并非所有人都赞同这一观点。尽管谢尔曼公开表示不喜欢政治,但陆军总司令的职务还是为他招来了强大的敌人。在谢尔曼看来,战争部长约翰·罗林斯和威廉·贝尔纳普在很大程度上挪用了总司令的职权。他的老战友、时任总统尤利塞斯·格兰特是他更强劲的对手。

谢尔曼对战争的态度没有改变,但格兰特对美国土著的态度也没有改变。当人道主义支持者被谢尔曼的强硬策略激怒后,他们发现格兰特总统在这一问题上的观点与他们不谋而合。

1874年,谢尔曼将他的总部从华盛顿特区迁至密苏里州的圣路易斯,只在绝对必要时才返回华盛顿特区。他觉得,在圣路易斯,他不太容易受到爱管闲事的平民和政客的影响。直到1876年,新任战争部长阿朗佐·塔夫脱向他承诺,他将拥有更大的权力,并可以按照自己的方式行事，他才回到华盛顿特区。

谢尔曼的离开并没有减少公众、媒体和政客对他全面战争政策的批评，但这意味着他可以继续随心所欲行事。圣路易斯远离华盛顿的政治活动和控制，印第安办公室和内政部也向他伸出了援手。

他们的政策旨在削弱美国土著部落的独立性，使他们的生存越来越依赖于联邦政府。美国土著只有两个选择：被谢尔曼的军队打败，或以相对和平的方式融入美国社会，但这种融入并非他们传统意义上的自由。虽然格兰特仍然完全反对灭绝种族的战争，但是自美墨战争以来他对定居者与美国土著关系的态度已经变得更加强硬："无论定居者与土著之间会发展为怎样的关系，事实是他们现在水火不容，一方最终必须向另一方屈服。"

据报道，谢尔曼曾写道："所有固守旧狩猎场的印第安人都充满敌意，并且在被杀死之前，他们将一直如此。"

腐败盛行也起到了推波助澜的作用。印第安办公室和内政部的许多地方官员都贪污腐败。他们只给美国土著提供有限的、通常无法满足他们需求的腐烂食物，而且数量往往比协议的要少。他们在仲裁纠纷时从土地投机者和定居者那里收受贿赂，帮助他们剥夺美国土著传统的定居地和狩猎场。

具有讽刺意味的是，虽然谢尔曼对美国土著发动了全面战争，但他鄙视印第安办公室和地方政府官员的腐败和欺诈。然而，这并没有阻碍他继续在各地对美国土著发动惩罚性袭击和重组边境堡垒以确保最佳战斗成果。对于美国土著来说，他们的选择依旧很简单：同化与屈服或毁灭与失败。

最讽刺的是，1876年6月26日美国土著

对于美国土著来说，选择很简单：同化与屈服或毁灭与失败。

在蒙大拿的小比格霍恩河战役中取得的伟大胜利，或许正是他们（当时被称为大平原印第安人）走向灭亡的开始。在这场战役中，内战英雄乔治·阿姆斯特朗·卡斯特袭击了美国土著的营地，这次进攻被认为是一个重大的军事失误，卡斯特也因战败受到指责。

当时，主流舆论认为这场战役是一场大屠杀（但一些人并不认同），凶手是一群决心追求死亡和毁灭的野蛮人。卡斯特率领的第七骑兵团被歼灭，这为反对美国土著、支持扩张主义的游说团体提供了公开推行无情政策所需的全部动力，并压制了对谢尔曼策略的批评，给了他前所未有的自由。

小比格霍恩河战役后，美军恼羞成怒，大肆追击美国土著。那些预感到失败和想要生存下来的美国土著四处逃亡，分散在北美各地。许多人跟随部落首领"坐牛"去了加拿大，在被英国驱逐之前，以逃亡者的身份留在那里。

刚开始，"坐牛"和他大约5000名追随者生活在今天的萨斯喀彻温省。他们被告知只要他们不犯罪，不制造麻烦，就会受到保护，免受美军的骚扰，并得到赖以生存的食物。然而，他们受庇护的日子并没有持续太久。

加拿大政府开始担心部落间的冲突，他们对"坐牛"的一些年轻追随者的不当行为感到恼火，开始希望将他们驱逐。"坐牛"永久定居的请求被拒绝，政府中止发放配给，投降或饿死是他们仅有的选择。

"坐牛"和余下不到200名追随者重新回

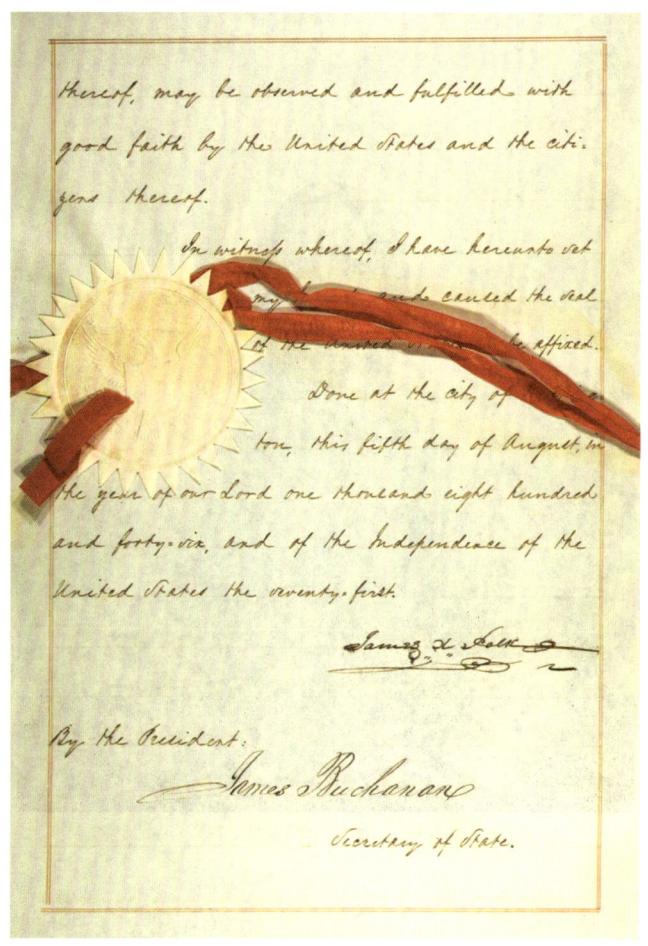

▲ 1846年的《俄勒冈条约》就美英领土的边界问题达成了一致,避免了潜在的战争

到美国后,于1881年5月在斯坦丁罗克投降。1890年12月15日,"坐牛"在斯坦丁罗克被派去抓捕他以防他加入鬼舞运动①的警察击毙。

"坐牛"死后两周,美军在伤膝河进行了血腥屠杀。据说超过300名美国土著在这次事件中被杀害。鬼舞运动的发起人沃沃卡有很多信徒,他声称看到耶稣基督化身为土著返回的幻象。

因此,沃沃卡和他的追随者聚集在伤膝河举行鬼舞仪式,希望能扭转美国土著的命运。据沃沃卡说,如果仪式流程正确,鬼舞将使白人定居者从美国土著的土地上消失,几乎灭绝的野牛会成群结队地归来,他们死去的祖先也将返回家园。

一些白人,尤其是印第安人事务官詹姆斯·麦克劳克林,认为大批美国土著聚集是为了蓄谋进攻。麦克劳克林的强硬态度和对反对进攻声音的置之不理,最终导致了灾难。数百名美国土著被詹姆斯·福赛思上校和塞缪尔·惠特塞德

---

① 鬼舞运动,亦译"幽灵舞",19世纪末盛行于北美印第安人中的一种救世主运动。始倡者为来自加利福尼亚帕尤特部落的沃沃卡(Wovoka),其仪式舞蹈象征白人入侵者消失,已经亡故的印第安人与已经灭绝的野牛重返家园。其主旨在于拯救印第安人于异族欺压之下。——译注

▲ 一张拍摄于1883年的"坐牛"的照片

少校麾下的美军逼入绝境,命丧黄泉。负责屠杀行动的美军是卡斯特的旧部。

"坐牛"的老战友,以在小比格霍恩河战役的勇猛表现而闻名的"疯马",同样未得善终。据说,1877年9月5日,被关押在鲁滨逊营,即今天的内布拉斯加的"疯马"在抵抗监禁时受伤丧命。然而,一直以来人们都认为"疯马"实际上是被谋杀的,并且这一罪行被掩盖了。

杰罗尼莫的结局比"坐牛"和"疯马"幸运。虽然杰罗尼莫从来没有当过酋长,但他曾领导过许多反抗美军的作战团体。他曾3次投降,但都是为了离开保留地再次战斗。他与美军的战斗始于1848年,那时他带领阿帕奇战士对抗美军和白人定居者。从那以后,他就成了美国人的眼中钉。

1886年9月,杰罗尼莫终于彻底投降,再也没能回到故乡。杰罗尼莫出生在后来成为新墨西哥州的特基克里克附近,1909年2月17日死于俄克拉何马州的锡尔堡,死时仍是一名官方战俘。美国领土扩张的时代结束了,美国的面貌彻底改变。

"坐牛"的被杀地点——斯坦丁罗克保留地,今天仍耳熟能详,因为现在这里是反对在保留地建设达科他输油管道的抗议活动纪念地。这条管道遭到了环保人士以及来自艾奥瓦州、北达科他州和南达科他州的美国土著的抗议。

扩张主义时代结束以来,美国白人与美国土著之间的关系似乎并没有得到改善,直到今天,他们之间仍然存在争端。

门罗主义

美国总统詹姆斯·门罗致力于终结欧洲在南北美洲的殖民统治

和天定命运论一样，门罗主义也在得名之前就已经存在。门罗在19世纪20年代初首次对它做出了阐述，但直到19世纪40年代，这一文件才正式以他的名字命名。它主要由继任总统约翰·昆西·亚当斯撰写。

动乱和政治动荡令门罗紧张不安。截至1823年12月，几乎所有的西班牙和葡萄牙的殖民地都处于独立的边缘。门罗看到了未来的动荡危机，也看到了可能随之而来的潜在麻烦。

门罗主义旨在遏制外国势力对美洲的干涉。因此，任何试图控制北美或南美独立国家的外国势力都将被视为"不友好的"。

也就是说，根据门罗主义，如果外国势力不干涉美洲，那么美国就不会干涉现有的欧洲的殖民地或任何欧洲国家的内部事务。

门罗主义比门罗总统本人的影响力要持久得多。后来的几任总统都引用并实施了这一政策，其中包括尤利塞斯·格兰特、富兰克林·罗斯福、约翰·肯尼迪和罗纳德·里根。该政策经过多次修订和重新解释后，至今仍是美国的一项重要纲领。

▲ 门罗总统是美国国父和独立战争老兵，他的外交政策以他的名字命名

《印第安人迁移法》

安德鲁·杰克逊总统签署的这项有争议的法案，
迫使成千上万的美国土著背井离乡移居西部。
他们的西迁之路被称为"眼泪之路"

欧文·威廉斯

截至1830年，希望能够移居印第安领地的白人定居者数量越来越多，他们的呼声也越来越高，美国政府因此采取了有利于其选民的激烈行动，即安德鲁·杰克逊总统在任期间通过的《印第安人迁移法》。它将美国南方腹地的"五大文明部落"（查克托、塞米诺尔、马斯科吉/克里克、奇克索和切罗基）逐出了他们的领地，强迫他们迁往数百英里外的西部地区。

在此之前，美国政府曾保证，只要这5个部落遵守欧洲社会的特定文化习俗并皈依基督教，他们就有权留在密西西比河以东。然而，杰克逊在1829年的国情咨文演说中宣告了这个时代的结束。杰克逊认为没有人能阻止"进步"，而西迁是避免印第安人走向毁灭的唯一方法。

根据他的提案，印第安人只能在密西西比以西联邦指定的保留地实行自治，并将被强行护送到那里。

1830年5月28日，经过激烈的讨论，该法案在参议院获得通过；只有特立独行的国会议员戴维·克罗克特投了反对票。在随后的20年里，这5个部落逐一在当地民兵部队的"护送"下步行迁往俄克拉何马的新领地。许多人奋起反抗，双方爆发激烈战争，但他们最终被制服，被迫继续西迁。西迁途中环境恶劣，疾病肆虐，美国土著经常受到攻击，成千上万的人在艰辛而又不公的旅途中丧生，未能到达终点。白人定居者占据了美国土著2500万英亩的土地，却毫不关心他们所付出的骇人代价。

▲ 安德鲁·杰克逊总统肖像，1824年由托马斯·萨利创作。杰克逊的任期几乎跨越了整个印第安人迁移时期

查克托族迁移后有两个分支：耶拿族和密西比族

查克托

在亚拉巴马州、密西西比州、路易斯安那州和阿肯色，查克托是《印第安人迁移法》颁布后5个文明部落中最早被驱逐的部落。1831年至1833年，查克托人分3个阶段向西迁移——但是有些查克托人拒绝离开，对这些人的驱逐从19世纪一直持续到20世纪。

查克托族是17世纪时由其他部落的残余势力聚集而形成的，这些部落占据了美国南部腹地数千年。独立战争时期，很多查克托人都曾为乔治·华盛顿的军队战斗，在随后的政治动荡时期，查克托人常常站在新生的美国政府一边（或者至少，从未拿起武器对抗美国政府；他们甚至在1813年与美国人一起对抗克里克人）。然而，他们的合作并没有给他们带来任何特权。1820年，杰克逊作为专员代表美国与查克托进行土地边界谈判。他决定采用敲诈、贿赂和威胁手段达到目的。在1820年的《多克立场条约》中，查克托人将一半的土地割让给了美国政府，并同意争取美国公民身份——只有当美国政府认为他们足够"文明和开化"时，才会授予他们这一身份。然而10年后，杰克逊政府令他们失去了最后的权利。根据《舞兔克里克条约》（the Treaty of Dancing Rabbit Creek），查克托人仅剩的1100万英亩土地被交换成俄克拉何马的1500万英亩土地。这一条约是查克托人最后一项重要的土地割让条约，也是《印第安人迁移法》出台后签署的第一个土地条约。格林伍德·勒·弗洛雷酋长因签署该条约立即被查克托人罢免，他的侄子乔治·W.哈金斯继任酋长。

条约签订后，查克托人分化成两个族群：一个族群徒步迁往俄克拉何马，另一个则留在密西西比。留下来的查克托人中大约有5000人获得

▲ 1830年，乔治·W. 哈金斯取代他的叔叔格林伍德·勒·弗洛雷成为查克托族酋长

了美国公民身份，但他们常常与希望他们离开的欧裔美国人陷入法律纠纷，并受到后者的骚扰、恐吓和暴力对待（截至1930年，大约只有1600人仍留在密西西比）。与此同时，15000名徒步离开的查克托人必须面对1830年至1831年的严冬和1832年的霍乱疫情，大约6000名查克托人在西迁途中丧命。

南北战争期间，由于南部邦联承诺给他们一个州的控制权，大多数查克托人选择支持南部邦联军。第一次世界大战期间，查克托人成为美军第一批著名的密码员（他们的语言，对敌人来说是一种无法破译的密码）。今天，他们是美国现存的第三大土著部落。

塞米诺尔

18世纪初，塞米诺尔人在佛罗里达地区定居。他们的民族文化由克里克、查克托和其他部落分支的文化共同构成。他们的名字来源于西班

▲ 第二次塞米诺尔战争期间，美国海军陆战队在大沼泽地搜寻塞米诺尔战士

▲ 1835年，伊桑·艾伦·希契科克将军谴责了美国政府和军队对待塞米诺尔人的方式

牙语"cimarrón"，意思是"狂野的"，甚至是"逃亡的"。根据《印第安人迁移法》，他们将被安置在密西西比河以西的克里克地区，并将并入克里克部落。然而，他们对此进行了激烈的抵抗，因为克里克人认为他们是逃兵，他们担心在那里不会受到欢迎。1816年至1819年，塞米诺尔人曾与安德鲁·杰克逊率领入侵佛罗里达的军队进行过旷日持久的战斗。《印第安人迁移法》再次引发了双方的冲突，第二次塞米诺尔战争从1835年一直持续到1842年。

《佩恩登陆条约》约定了驱逐塞米诺尔人的具体细节。据说，塞米诺尔族的7位酋长前往俄克拉何马的新保留地，认可并签署了该条约。但当这些首领回到佛罗里达后，他们立即收回了承诺，声称他们是受到胁迫和恐吓才答应的。一些美国军官也支持这一说法。尽管如此，该条约还是在1834年4月获批，根据条约，塞米诺尔人必须在3年内撤离他们的土地。塞米诺尔人拒绝承认该条约，佛罗里达已经做好了战斗准备。

1835年12月28日，弗朗西斯·戴德少校指挥的110名美国士兵被塞米诺尔勇士伏击并杀害，史称"戴德大屠杀"。发现尸体的美国少校伊桑·艾伦·希契科克写道，这是一场完全可以避免的悲剧，是由"我们政府的暴政"造成的。接下来的几个月里，布鲁克堡、巴恩韦尔堡、库珀营、亚拉巴马堡和德雷恩堡接连爆发了小规模冲突，但这些冲突都没有击垮塞米诺尔人，美军甚至不得不放弃一些堡垒。最终，在托马斯·杰

▲ 塞米诺尔酋长奥西奥拉

瑟普少将的指挥下,由9000名美国海军陆战队、美国海军和民兵组成的武装部队,制服了人数从未超过1400人的印第安反对力量。1837年1月,在哈奇-拉斯蒂战役之后,双方达成停战协议。此时,已有数百名塞米诺尔人投降,但那些没有投降的塞米诺尔人继续与美军作战,战斗一直持续到1842年8月。

在战争的最后阶段,"虎尾"酋长(戴德大屠杀中塞米诺尔人的首领之一)被捕,他所率领的小队抵抗者被杀。"虎尾"在被押送到俄克拉何马之前死在了新奥尔良。大多数塞米诺尔人听天由命,举家西迁,但是,大约100人留在了佛罗里达的大沼泽地——他们的特别保留地。塞米诺尔是唯一一个从未放弃主权也从未与美国签署和平条约的部落。

克里克

克里克人是美国东南部林地的土著居民,也是最早被美国政府视为"开化"的土著部落(他们是五大文明部落中的第一个)。鉴于他们过往与美国的冲突,这是令人意想不到的。独立战争之后,克里克人亲身经历了英国将他们的土地割让给美国的耻辱,并在18世纪晚期的切罗基-美国战争中与切罗基人并肩作战,对抗田纳西州的白人定居者。

1813年爆发的克里克战争是克里克红棍派和美国民兵之间的一系列冲突。红棍派对美国堡垒发起了多次袭击,其中包括8月在亚拉巴马米姆斯堡发生的著名大屠杀。同年11月,为了报复红棍派在塔卢沙奇的暴行,美军屠杀了克里克人,包括男人、女人和儿童。1814年3月,安德鲁·杰克逊将军终于在霍斯舒本德战役中平息了叛乱。8月,克里克人签署了《杰克逊堡条约》,将佐治亚州和亚拉巴马的2300万英亩土地割让给美国政府。实际上,这场战争毁掉了克里克几代人努力与欧裔美国移民和平共处的成果。杰克逊在这场冲突中对克里克人产生的厌恶一直持续到他的总统任期。

《印第安人迁移法》颁布时,亚拉巴马州还有大约20000名克里克人。他们的土地被分割成独立的配给地块。1832年,《库西塔条约》赋予了他们选择留下(并遵守州法律)或带着经济补偿迁至俄克拉何马的权利。然而,事实上,留下从来都是一个无法实现的选择。移民对克里克土地的非法占领极其普遍,而美国当局对此熟

▲ 克里克部落的成员,拍摄于1877年

视无睹。越来越贫穷和绝望的克里克人再次诉诸武力反抗入侵者，1836年，第二次克里克战争爆发。这场战争以温菲尔德·斯科特将军率军将克里克人强行驱逐告终。1837年年中，大约15000名克里克人被围捕到拘留营，然后被永久逐出了他们的领地。大约四分之一的克里克人在向西迁往俄克拉何马的艰难旅途中丧生。

美国内战期间，克里克人分裂为两派，一派支持南部邦联，另一派支持北部联邦。最初，亚伯拉罕·林肯总统增加政府援助，以奖励效忠者，但是为了镇压叛乱，双方在1866年签订了新的条约。根据其条款，克里克人不仅失去更多的领地，他们的部分保留地也被割让给刚刚获得解放的奴隶。

▲ 1814年霍斯舒本德战役后，"红鹰"酋长向安德鲁·杰克逊投降

▲ 南北战争后，奇克索人霍姆斯·科尔伯特成为这个部落的政治代表

奇克索

奇克索人与查克托人关系非常密切。根据他们的口述历史，史前时期他们在密西西比定居，直到17世纪的某个时间才分裂成两个不同的部落。他们与欧洲人的第一次接触是1540年遭遇西班牙探险家埃尔南多·德·索托。几次争执过后，他们攻击了埃尔南多的随从，埃尔南多很快率部离开。1670年，奇克索人与英国结盟（这一时期他们经常与查克托人发生冲突），后来又在独立战争中与刚成立的美国结盟。从那之后，即使他们的权利和土地受到侵占，他们也始终倾向于站在美国及其政府一边。

1832年，奇克索人签订了《庞托托克里克条约》，承诺向西迁移。此前的1830年，奇克索人因交换给他们的俄克拉何马土地质量低劣而犹豫不决。但两年后，由于欧裔美国定居者对他们土地的侵占愈演愈烈，加上族人们对威士忌疯狂着迷，他们开始感到自己的文化正在被淹没，濒临灭绝。奇克索人此刻已陷入绝境，在美国政府仅承诺为他们找到新保留地后，他们便立刻割让了密西西比的土地。

在五大文明部落中，奇克索是唯一一个被说

▲ 美国骑兵镇压了因受到虐待而奋起反抗的奇克索人

服为西迁支付费用的部落。他们用割让密西西比土地获得的经济补偿,购买了查克托族在俄克拉何马新领地的部分土地。1837年,美国参议院批准了奇克索人和查克托人签署的《多克斯维尔条约》——这在美国土著部落之间处理内部事务时并不常见。

1837年,奇克索人开始西迁,直到第二年才到达目的地,只有不到5000名奇克索人完成了这一旅程。与其他四大部落的经历相比,他们的西迁相对成功。然而,贫困的命运在他们到达目的地时就已注定。大多数奇克索人并没有像最初约定好的那样在查克托人的领地上获得自己的土地,他们只能在查克托人城镇的临时营地和政府补给站帮忙。他们饱受贫穷、酒瘾、内部政治争端和来自其他部落的攻击折磨。又过了15年,奇克索部落才在其专属领地上定居下来。

1856年,奇克索正式从查克托分离出来,成立了新的奇克索部落。内战时期,他们加入南部邦联。1907年,五大部落请愿成立自治州失败,奇克索成为势单力薄的少数民族。然而,在20世纪,奇克索族开始复苏。1983年,他们再次作为一个独立自治民族得到正式承认。

▲ 切罗基人西迁途中

切罗基

一直以来欧裔美国人对印第安人土地的入侵都源于对其土地的特殊渴望：完美的耕作条件、丰富的矿藏，或者两者兼而有之。然而，他们侵占佐治亚州切罗基人的土地有一个非常特殊的原因：黄金。佐治亚淘金热始于1829年，成千上万的矿工来到切罗基人的土地上寻找财富，这场淘金热比著名的加利福尼亚淘金热早了20年。从史前时代起就一直在这片土地上生活的切罗基人很快战败。佐治亚州政府非但不支持其本土居民，反而极尽全力想让他们离开。

即使按照《印第安人迁移法》的标准，《新埃克塔条约》在道德和合法性上也站不住脚。部落领袖和多数切罗基人都不接受该条约。新总统上任也并没有改变印第安人的命运。1838年，安德鲁·杰克逊的继任者马丁·范·布伦强制执行了该条约。由于拒绝承认协议的条款，切罗基人先被囚禁在拘留营数月，然后又被民兵部队强行赶出了他们的领地。1838年冬天，每支载有约1000名切罗基人的12支马车队开始了艰苦的长途跋涉。大多数切罗基人都赤脚上路，穿越了肯塔基州、伊利诺伊州、田纳西州、密西西比州、阿肯色州和密苏里州。

旅途中，切罗基人忍饥挨冻、营养不良，并饱受肺炎和其他疾病的折磨。营地的夏天酷热干旱，冬天异常寒冷，他们的行进速度极其缓慢（仅俄亥俄河和密西西比河之间96千米的路程就花了3个月的时间）。由于切罗基人有可能将疾病传染给当地人，城镇和定居点禁止他们

▲ 继安德鲁·杰克逊之后，马丁·范·布伦总统强制驱逐了切罗基人

▲ 伊丽莎白·布朗·斯蒂芬斯是踏上"眼泪之路"的成千上万切罗基人中的一员。这张照片拍摄于1903年，当时她82岁

通行。由于只能绕道而行，他们花费的时间比预期更长。在俄亥俄河，船夫向切罗基人收取每人1美元的船票，而通常船票的价格仅为12美分。在漫长的渡河等待过程中，许多切罗基人死于疲劳和饥饿，有些人甚至被当地人杀害。

切罗基人最终于1839年初到达了他们的目的地俄克拉何马。据估计，4000名至6000名切罗基人在拘留营和西迁途中丧生。

切罗基现在是美国最大的土著部落，但美国政府对它和其他文明部落的可耻种族清洗并没有被遗忘。为了纪念美国土著西迁的苦难，长达3540千米的"眼泪之路"国家历史步道于1987年对外开放。2008年，五大部落终于收到了美国政府的正式道歉。

俄勒冈小道之旅

记者兼政治家霍勒斯·格里利有句名言:"年轻人,去西部吧!"他完全不知道他所建议的这一旅程是多么的艰苦和危险!

罗伯特·沃尔什

俄勒冈小道是旧西部的标志。从19世纪30年代中期到1869年第一条横跨大陆铁路竣工前,大约有40万人使用过俄勒冈小道,它的出现加速了美国西部边疆的扩张。一开始,它只是一条步行或骑马才能通过的泥泞小道;后来,它逐渐发展成一个由马车道、小站、堡垒和城镇组成的纵横交错、贯通中西部各州的交通网络。

俄勒冈小道始于密苏里州,连接了艾奥瓦州、堪萨斯州、内布拉斯加州、科罗拉多州、怀俄明州、犹他州、爱达荷州和俄勒冈州,并在俄

艾尔弗雷德·比尔施塔特创作了数百幅19世纪美国风景画,其中包括《俄勒冈小道》和《穿越平原的移民》

勒冈州与加利福尼亚小道相连。今天的一些主要道路仍在沿用它的部分路线。

最初，俄勒冈小道只是捕兽者和猎人的领地。到鼎盛时期，小道上已遍布探险家、牧场主、猎人、捕兽者、拓荒者、传教士和商人的足迹。这些人都希望财运亨通而开启新生活。但不管他们最初想要的是什么，很多人的结局都是悲剧或死亡。

一些人安全到达目的地，并得偿所愿，获得财富；一些人虽然也到达了目的地，但除了在旅途中幸存下来之外，一无所获；还有一些人放弃了原定的目的地，在中途安顿下来。至于剩下的那些人，等待他们的只有死亡。敌对的土著、亡命徒、疾病、饥饿、意外，在俄勒冈小道上留下了许多拓荒者的墓碑，它们就像一座座里程碑，承载着西进路上的血泪与辛酸。

"1843年大迁徙"中，由大约1000人组成的马车队从密苏里州的独立城出发。到达爱达荷的霍尔堡后，向导告诉他们，后面的路无法搭乘马车，要改用驮畜。马车队的领袖马库斯·惠特曼不赞同这一做法。他和许多拓荒者认为，如果有必要，他们可以在行进途中清除树木、平整地面以开辟出可供马车通行的道路。惠特曼和他的追随者的选择是正确的。

他们成功地在俄勒冈茂密的蓝山中开辟出了一条道路，抵达了当时无法逾越的胡德山。他们绕山而行，马车沿哥伦比亚河走水路，牲畜通过洛洛山口走陆路，最后几乎所有人都在1843年10月成功抵达了威拉米特山谷。俄勒冈小道就此诞生。

摩门教徒是踏上俄勒冈小道的最为庞大的群体之一。成千上万的摩门教徒聚集在一起共

▲ 拉勒米堡是这条道路上先驱者们的重要驿站。这座纪念碑是为了缅怀这条路上的死难者而修建的

关于俄勒冈小道的真相

俄勒冈小道的东段连接着加利福尼亚小道、摩门小道和博兹曼小道，它们都是西进的主要路线。

俄勒冈小道最繁忙的出发点之一是密苏里州的圣约瑟夫，这里是"快马邮递"的发源地。

由于缺乏新鲜的水果和蔬菜供给，旅行者们吃路边的野果和浆果来预防坏血病。

牧场主在这些道路上驱赶牛群，将牲畜转移到价格最好的地方。

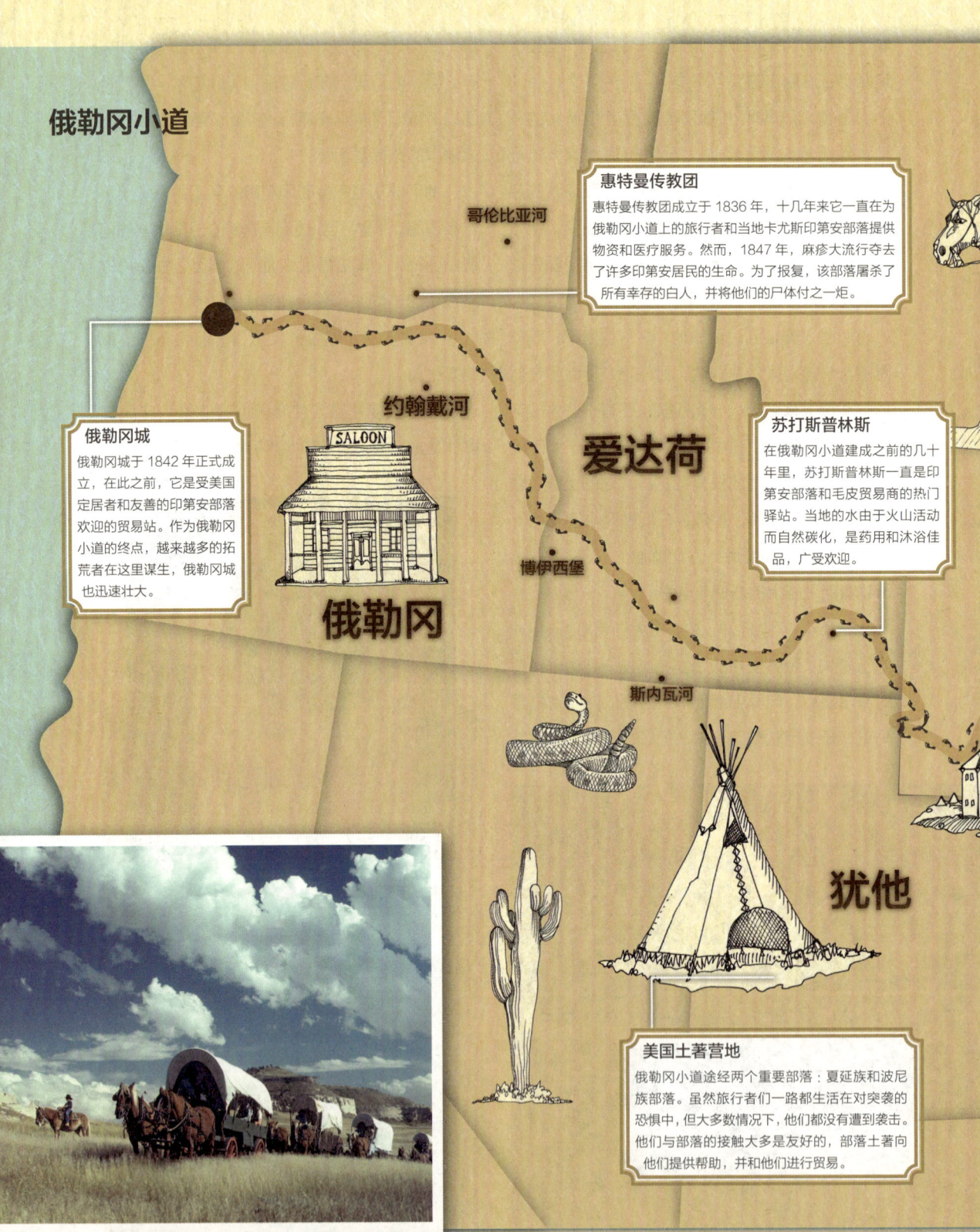

俄勒冈小道

惠特曼传教团
惠特曼传教团成立于1836年，十几年来它一直在为俄勒冈小道上的旅行者和当地卡尤斯印第安部落提供物资和医疗服务。然而，1847年，麻疹大流行夺去了许多印第安居民的生命。为了报复，该部落屠杀了所有幸存的白人，并将他们的尸体付之一炬。

哥伦比亚河

俄勒冈城
俄勒冈城于1842年正式成立，在此之前，它是受美国定居者和友善的印第安部落欢迎的贸易站。作为俄勒冈小道的终点，越来越多的拓荒者在这里谋生，俄勒冈城也迅速壮大。

约翰戴河

爱达荷

苏打斯普林斯
在俄勒冈小道建成之前的几十年里，苏打斯普林斯一直是印第安部落和毛皮贸易商的热门驿站。当地的水由于火山活动而自然碳化，是药用和沐浴佳品，广受欢迎。

俄勒冈

博伊西堡

斯内瓦河

犹他

美国土著营地
俄勒冈小道途经两个重要部落：夏延族和波尼族部落。虽然旅行者们一路都生活在对突袭的恐惧中，但大多数情况下，他们都没有遭到袭击。他们与部落的接触大多是友好的，部落土著向他们提供帮助，并和他们进行贸易。

▲ 马、骡和牛是在这条小路上行进的主要交通工具

THE OREGON TRAIL

怀俄明

独立岩

内布拉斯加

卡尼堡

堪萨斯

利文沃斯堡

俄勒冈小道投入使用
人们花了30年才建成俄勒冈小道。这是一条由不同猎人绘制和发现的许多小道连接形成的穿越边疆的路线。因为大量摩门教徒的涌入，独立城和密苏里城成为这条路线的"起点"。

拉勒米堡
拉勒米堡是俄勒冈小道上最早的主要堡垒之一，因此它是小道建成初期的一个非常重要的驿站。它建于1834年，目的是为了保护那些沿着这条漫长道路前往俄勒冈城的人们并给他们提供补给。

岩石
法院大楼和监狱岩是旅行者穿越西部时在俄勒冈小道上看到的第一批主要地标。它们位于普拉特河附近，但自旧西部时代以来就受到了严重的侵蚀。

同生活。出发较早的摩门教定居者负责寻找合适的定居地点，建造农场和房屋以接纳后到达的同胞。摩门教徒来自全美各地，他们的领袖布里格姆·杨选择犹他地区的盐湖谷作为教众聚居的主要基地。然而，也有一些摩门教徒在其他地方定居。其中一位是在加利福尼亚定居的商店老板兼报纸出版商塞缪尔·布兰南。布兰南在他的《加利福尼亚星报》报道了黄金这一重大发现后，俄勒冈小道的客流量大幅增加。

1848年的加利福尼亚淘金热是大批定居者踏上俄勒冈小道的主要原因之一。巨大的财富驱使淘金者从世界各地赶来。那些来自欧洲的不想冒险乘船绕霍恩角航行或在巴拿马运河上航行的淘金者，选择了俄勒冈小道。当时，遍地黄金、随便就可以在河床和溪流中捡到金子的荒诞故事层出不穷，吸引了成千上万的淘金者涌向加利福尼亚。事实证明，淘金热的传染性甚至超过了霍乱。

1849年，霍乱袭击美国。成千上万的移民在西进途中丧生，其中1849年至1855年疫情期间，普拉特河沿岸的死亡人数最多。由于对霍乱的传播途径和治疗方法知之甚少，俄勒冈小道的部分路段成为病毒滋生和传播的温床。堪萨斯、内布拉斯加和怀俄明成了许多追求名利者最后的安息地，路旁布满了他们的无名墓碑。

西进旅途中最基本的必需品是食物、水和交通工具。交通工具包括马、骡、牛和马车。然而，每一种行进方式都有它特殊的困难。骡子不太善于合作，要求它驮着超过45千克的重物爬过陡峭的山坡、穿过山路崎岖的乡村尤为困难；马和牛必须要钉蹄铁；马车需要准备维修用的备件和工具。

水必须在沿途随时补给，但有时马车队很难找到河流、池塘和小溪，要找到安全的饮用水和烹饪水则更加困难。由于人们对水传播疾病缺乏了解，沿途的卫生条件又很差，霍乱一直威胁着他们的生命。

食物是另一种必需品。肉可以在出发前储备，或在沿途狩猎。硬面饼干、咸肉、培根、豆类、干果、泡菜、面包、大米是提前准备的主要储备品。为使膳食不至于那么单调，旅行者们用糖、茶、咖啡、干蔬菜、少量香料和枫糖浆调节他们的饮食。如果马车队中的供给车迷失了方向或者因当地人的袭击跟大部队走散，那么整个马车队就会在平原上饿死。因此，有经验的向导绝对物超所值。

合适的衣物和装备同样至关重要，这包括：御寒的衣物、几双靴子（途中会穿破两三双）、防御和狩猎用的枪支、帐篷和床上用品、蜡烛和灯笼、书、用来记录旅程的纸和笔，用来维修马鞍、缰绳和靴子的皮革和工具，以及洗涤用的肥皂等。烟草在旅途中非常受欢迎，人们可以吸烟放松，也可以用它和当地人或其他旅行者交易。此外，基本的烹饪器具也是必不可少的。随着必需品数量的增加，运送这些必需品所用的马车和骡子的数量也需要增加。

旅行者经常会丢弃无法修理或无法运输的装备。如果一辆马车损坏后无法修补，车上的必需品就会被转移，重新分配给其他马车和驮畜。如果没有剩余空间，补给就会被倾倒在路边。许多旅行者会搜索废弃的马车和前人倾倒的补给品，拿走他们认为有用的东西。"不浪费，不匮乏"和"谁发现，谁保留"成了西进漫长道路上大家默认的规则。

一个因素对旅行者的帮助或阻碍最大，那就是钱。除非可以进行物物交换，否则马车、牲畜、武器、补给和向导都必须付钱。随着对必需品需求的增加，它们的价格也在上涨。同一队伍的旅行

边疆妇女

男性和女性对边疆生活的看法不同……

男性和女性似乎对探索西部边疆有着截然不同的态度和经历。男性通常将这一旅程视为一种冒险,如果回报丰厚,他们比女性更愿意放手一搏。女性常常认为这是对稳定、有序和更舒适的生活方式的威胁。

许多女性在日记中描述了旅途中的艰辛和失去众多同伴的痛苦。她们还经常感到,无论是体力上还是精神上,她们的旅途生活都比预期的要吃力得多。

尽管如此,边疆生活的确给了女性打破传统刻板印象的机会。在每个人都必须有所贡献的环境中,女性经常有机会扮演之前从未经历过的角色,这类似平等。西部的社会环境也有所不同。例如,在加州的金矿中,女性可以经营自己的生意,很多女性都抓住了这个机会。

拓荒者的经历常常改变男性对女性的看法以及女性对自己的看法。这些经历虽然不是真正的平等,但它是一条不仅通往西部,而且通往更自由的生活的道路。

▲ 怀俄明州的独立岩是西进路上的一个重要地标

者经常共同筹集资金以支付全部费用,为了安全起见,他们把钱放在保险箱里。但这也不能确保万无一失。当地人可能会发动突袭,劫走整个马车队的钱,不法之徒也可能抢劫马车队。西部大多数地区执法不力,一些地区几乎没有执法部门。

太平洋铁路的兴建标志着"快马邮递"和俄勒冈小道的衰落。俄勒冈小道的行程是艰苦、危险和昂贵的,乘火车横跨东西海岸更便宜、安全、迅速和舒适。取道俄勒冈小道走完全程需要8个月的时间,而坐火车只需要8天,并且搭乘火车通常不会染上霍乱,不会被歹徒抢劫,也不会受到当地人的袭击。

太平洋铁路的东西段在犹他地区的普罗蒙特里峰接轨后,留给俄勒冈小道的日子屈指可数。随着铁路的发展,沿途的城镇也随之繁荣起来。旅客可以选择在相对安全的环境中停下来,稍作休整后再继续前进,这进一步减少了人们对俄勒冈小道的需求。

截至19世纪70年代,铁路和驿站马车已经取代了马车和驮运骡子,俄勒冈小道风光不再。在大约40万踏上俄勒冈小道的旅行者中,多达2.1万人在途中丧命。虽然现在俄勒冈小道已经废弃不用,但正是这条小道开启了美国的西进之路。

詹姆斯·波尔克：美国征服者

被遗忘的第 11 任美国总统詹姆斯·波尔克，
将美国塑造成了北美强国，却也加速了美国陷入内战的进程

多米尼克·格林

《美丽的美国》这首歌唱道，美国"从东到西跨越海岸线"。这个国家东西从大西洋海岸绵延至太平洋海岸，南北从与墨西哥接壤的大草原延伸到与加拿大接壤的 49° 北纬线。

这些边界是由许许多多的普通美国人创造的，那些在墨西哥得克萨斯领土定居和在英国宣示主权的太平洋西北部俄勒冈地区定居的美国人做出了尤为重要的贡献。但是，美国能成为横跨两个大洋的现代强国，要得益于经常被忽视的第 11 任总统詹姆斯·诺克斯·波尔克所取得的外交和军事成果。

他在与英国对峙时成功捍卫了俄勒冈地区的主权，不费一枪一弹，保卫了美国的西北角。他还派军到墨西哥城，迫使墨西哥割让了大草原以北的所有领土。

但是波尔克在任期间的成就只是短暂的胜利。由于他不理解奴隶制对联邦的威胁，令美国加速走向了 1861 年的灾难性战争。

1795 年，波尔克出生在北卡罗来纳州派恩维尔的一间简陋的小木屋。他是塞缪尔·波尔克和简·波尔克的第一个孩子，他父母的家族都源自爱尔兰的长老会移民。塞缪尔在洗礼池表现出对长老会神学的怀疑，因此他的长子没有接受洗礼。然而，波尔克的母亲，一个严格的加尔文主义①者，向他灌输了坚定的宗教信条：努力、自

---

① 基督教新教加尔文派的神学学说。16 世纪宗教改革运动时由加尔文倡导，由此得名。

他向墨西哥城派遣了一支军队，强迫墨西哥割让里奥格兰德以北的所有领土。

扩张信条

"天定命运"一词的起源

1845年,在波尔克总统的领导下,美国与英国在俄勒冈地区主权问题上正面对峙,与此同时,美国与墨西哥正式开战,记者约翰·奥沙利文写道:"我们的天定命运是在上帝赐予我们的整个大陆上扩张,使年年倍增的民众得以自由发展。"

从那时起,"天定命运"一词就成了推动美国扩张理念的代名词。这一进程推动美国在19世纪末的几十年里迅速崛起,成为世界强国,但它同时也加速了美国内战的步伐和对美国土著的屠杀。

波尔克所属的民主党支持领土扩张和奴隶制。反对党辉格党则希望废除奴隶制,因为他们担心扩张会使美国的政治天平偏离东北部城市,向西部奴隶主掌控的农业社会倾斜。

对辉格党人来说,"天定命运"亵渎了美利坚合众国赖以建立的崇高信条,体现了安德鲁·杰克逊和他的忠实门徒詹姆斯·波尔克所主张的危险民粹主义。然而,美国是由清教徒建立的,他们像波尔克的母亲一样,相信社会的宗教宿命。"天定命运"和后来的美国例外论一样,无论丑陋与否,都反映了美国社会的起源。

▲ 在由约翰·加斯特创作的《美国进步》中,"天定命运"的化身正在帮助西部拓荒者

波尔克是美国内战爆发前的最后一位强势总统

专家问答

传记作家沃尔特·博尔内曼认为，波尔克实际上是一匹吃苦耐劳的马，而不是一匹"黑马"

作为一名职业政治家，他参加总统竞选，真的出乎意料吗？

"黑马"的说法非常荒谬。波尔克是那个时代最有经验、最有成就的政治家之一，他从政治生涯之初就计划跟随杰克逊入主白宫。他在田纳西州的立法机构任职，担任7届国会议员，其中包括两届众议院议长和一届田纳西州州长，一直以来波尔克都着眼于更大的目标。1840年，他是一个可靠的副总统候选人，1844年，他再次为自己的副总统竞选积极准备。从波尔克和竞选经理之间的往来信件可以看出，他非常努力地争取提名。

波尔克对奴隶制问题的紧张局势视而不见吗？

绝对不是——他自己就是一个奴隶主——但他多数情况下选择忽视或者至少淡化这一问题。例如，作为总统，他非常小心地保守着自己拥有密西西比种植园和奴隶的秘密。许多历史学家称，波尔克的扩张主义政策与他想推动奴隶制的扩张有关，但我并不这么认为。波尔克在很大程度上受到了杰克逊主义和向整个北美大陆扩张的"天定命运"论影响。他推动领土扩张是为了与太平洋地区进行贸易，对抗觊觎北美的英国和西班牙，而不是为了扩张奴隶制。

为什么波尔克没有被世人更好地铭记？

主要原因是波尔克是一个南方奴隶主，他的成就及影响在南北战争爆发后被搁置在一边。我一直认为，推测如果波尔克能活到战争爆发，他会站在哪一边，是一件很有趣的事。许多人认为，由于他继承了种植园，他自然会支持南方，但他拥护合众国的强烈倾向——显然与安德鲁·杰克逊相似——很可能使他支持北方。也许他甚至可以使田纳西州继续留在联邦而不分裂出去。

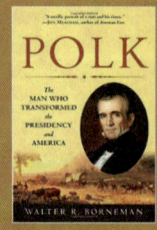

▲ 沃尔特·博尔内曼是《波尔克：改变美国和总统职权的人》一书的作者

律和对宿命论（相信上帝已经决定了将要发生的一切）的绝对信仰。

波尔克的祖父伊齐基尔决定了这个家族的命运。1803年，波尔克8岁时，伊齐基尔像《圣经》中的人类祖先那样，带领他的部分家人开启了荒野中的朝圣之旅。

他们在田纳西州的莫里县定居下来。3年后，塞缪尔和他的家人也来到了这里。波尔克是个体弱多病的孩子，这里的生活对他来说非常艰难。1812年，他接受了泌尿系统结石手术——麻醉用的是白兰地——这可能使他无法生育。

波尔克家族很快就主宰了这个丛林新社会的政治生活。塞缪尔成为一名县法官。他还与另一位有影响力的法官——1812年战争的英雄，后来的美国总统安德鲁·杰克逊成了朋友。从北卡罗来纳大学毕业之后，波尔克于1820年开始在田纳西州的纳什维尔从事法律工作。他的第一个任务就是为因在公共场所打架而被指控的父亲辩护。据称，该案的结果是塞缪尔象征性地支付了1美元罚款。

1822年，波尔克作为民主党代表以巨大优势获胜，当选田纳西州众议员。杰克逊欣赏并支持波尔克的政治主张，两人成为终生的政治盟友，波尔克成了"老胡桃木"杰克逊身边的"小胡桃木"。几个月后，波尔克又达成了另一个战略联盟（可能是在杰克逊的鼓励下），他迎娶了田纳西州一个显赫家族的女儿莎拉·奇尔德雷斯，她才华横溢，但严格奉行宗教信仰。

一年后，在1824年的大选中，杰克逊赢得了普选，在选举人团投票中排名第一，但获票数量未能过半。众议院最终选择了在普选和选举人团投票中都排名第二的约翰·昆西·亚当斯。

杰克逊和他的支持者指控亚当斯及其追随者通过不正当交易赢得选举。1825年，波尔克

▲ 一幅1861年创作的描绘西进旅途的画作

以国会议员的身份来到华盛顿特区。他大力支持杰克逊，呼吁废除选举人团制度，附和杰克逊的土地民粹主义政策——该政策认为农民是真正的美国先驱，而东部城市的权贵阶层则是腐败的精英。

当杰克逊赢得1828年大选后，波尔克成为他最信任的顾问之一。作为杰克逊在众议院的发言人，波尔克迅速崛起，并逐渐学会了如何操控立法机构和立法程序。1838年，怀着竞选总统的志向，他回到田纳西州。1839年，他赢得了州长的职位，但无法掌控田纳西州议院。立法机构投票反对波尔克提出的耗资巨大的教育和基础设施项目以及他的杰克逊式提案——通过加大州立银行而不是国家银行的权力来抵御金融恐慌。

"1837年大恐慌"——很大程度上归咎于杰克逊的政策——之后，美国经济依旧低迷。1840年，杰克逊的继任者马丁·范·布伦在大选中输给了他的辉格党对手哈里森。在辉格党得势的政治气候下，波尔克于1841年和1843年两次竞选田纳西州州长，但均告失败。

波尔克利用党派政治家的经验，在1844年的党内选举中巧妙操控了第9次投票。

尽管如此，波尔克还是在1844年的大选中成为范·布伦的竞选搭档。在当时的华盛顿，人们因为政治分歧而决斗，南北方由于奴隶制问题正处于分裂的边缘，但善于交际的波尔克在这里游刃有余。他大力支持领土扩张，使奴隶制问题成为19世纪40年代末美国的首要议题。

1836年，墨西哥统治下的得克萨斯白人定居者宣布独立。杰克逊总统表示承认，但是由于墨西哥威胁开战，他放弃了立即兼并得克萨斯共和国的想法。与此同时，20多年前在1812年战争中击败美国的英国，正在向得克萨斯示好。

得克萨斯人是奴隶主，而最近才废除奴隶制的英国利用海军支持废奴。如果得克萨斯落入英国或墨西哥手中，它将成为美国向西扩张

美国国土构成

西班牙割让佛罗里达，1819 年
1810 年，西佛罗里达宣布脱离西班牙独立后，詹姆斯·麦迪逊总统派军入侵。直到 1819 年双方签订《亚当斯－奥尼斯条约》后，西班牙才承认美国在西佛罗里达的主权。该条约解决了美国和西班牙在北美大陆的所有领土分歧。6 个月后，因西班牙承认墨西哥独立，该条约的部分内容失效，西班牙与美国形成了新的边界。

购买路易斯安那，1803 年
1800 年，法国领袖拿破仑·波拿巴试图在路易斯安那领土上重建殖民帝国。3 年后，托马斯·杰斐逊政府以 5000 万法郎（1125 万美元）向美国支付的 1800 万法郎（375 万美元）债务的条件，从法国政府手中买下了这块约为 214 万平方千米的土地。

《巴黎条约》，1783 年
在《巴黎条约》中，英国承认其前美洲殖民地独立，成为由 13 个州组成的美利坚合众国；划定美国东部边界为大西洋，北部边界为英国统治的加拿大南部边界，西部边界为密西西比河东岸。

符号说明： 💰 购买　⚔ 战斗　🤝 兼并

购买阿拉斯加，1867 年
1867 年，美国国务卿威廉·苏厄德签订了《购买阿拉斯加协议》，从沙皇俄国手中购买了阿拉斯加超过 88.5 万平方千米的领土。俄国人意识到阿拉斯加在军事防御上处于劣势，于是以 720 万美元的价格将它卖给了美国——大约合每英亩 2 美分。

购买加兹登，1853 年
1853 年，美国向墨西哥支付了 1000 万美元，购买现在的亚利桑那州南部和新墨西哥州西南部的 4.8 万平方千米领土。美国需要土地来修建横贯北美大陆的铁路，而墨西哥政府需要钱，双方一拍即合。

《瓜达卢佩－伊达尔戈条约》，1848 年
波尔克政府强迫墨西哥签订了《瓜达卢佩－伊达尔戈条约》。该条约将得克萨斯和加利福尼亚割让给了美国，使美国的边境线向南延伸至里奥格兰德，向西延伸至太平洋。

▲《伦敦新闻画报》报道了波尔克的就职典礼

的障碍。但是，如果美国将得克萨斯作为蓄奴州纳入联邦，将令南方和废奴主义者占多数的北方之间的紧张关系进一步恶化；如果得克萨斯作为自由州加入联邦，紧张局势也会加剧，因为它将成为周边各州逃跑奴隶的避风港。波尔克也是一个奴隶主——1827年父亲去世后，他继承了20个奴隶和一个棉花种植园。拥有奴隶的权利受到美国宪法的保护，但是波尔克低估了奴隶制分裂联邦的可能性。他认为，国土扩张问题更为紧迫，一旦实现该目标，就可以围绕这一崇高理想将各方力量凝聚在一起。

在得克萨斯问题上，辉格党和民主党内部都存在分歧。辉格党候选人、肯塔基州的亨利·克莱和民主党人马丁·范·布伦都宣称反对兼并得克萨斯；杰克逊则支持兼并，并力推波尔克为民主党候选人，他说只有波尔克有能力团结民主党并赢得总统大选。波尔克利用自己党派政治家的经验，在1844年的党内选举中巧妙操控第9次投票，抓住机会成为民主党候选人。

"詹姆斯·波尔克是谁"成为辉格党的竞选口号。波尔克是第一个"黑马"候选人，他似乎凭空出现，但实际上，他是一位经验丰富的政府官员。正如亚伯拉罕·林肯在内战危机中现身，波尔克同样在民主党面临危机时出现。然而，林肯作为处于内战边缘的政党候选人赢得选举，波尔克则以统一者的身份赢得了1844年大选。

美国人口每一代都成倍增长，此时已与英国人口持平。生育高峰促进了东部各州的工业发展，并使移民源源不断地涌入西部。这个国家此刻已经具备实现开国元勋们梦想（让美国横贯北美大陆，从大西洋延伸到太平洋海岸）的手段和人力。在美国人看来，历史和上帝似乎都注定会令他们的国家成为世界强国。

在波尔克的帮助下，即将卸任的总统约翰·泰勒尝试推动参议院通过兼并得克萨斯的决议。波尔克接任第11任总统时，年仅49岁，是截至当时美国最年轻的总统。他承诺将得克萨斯纳入美国、让奴隶制作为宪法赋

对墨西哥不公的战争

100000名 美国士兵
30000名 墨西哥士兵
参加作战的军队

73260名（近四分之三）美国士兵是民兵志愿者

近**14000名** 美国士兵丧生，90%死于疾病

据估计**25000名** 墨西哥士兵丧生

美国海军太平洋舰队有**10**艘军舰，其中包括两艘该航线的主力战舰

美国获得了**800000+** 平方千米的领土

墨西哥失去了大部分领土
得到了1500万美元（只有最初出价的一半）

▲ "请阅读墨西哥战争新闻!" 1848年,理查德·卡顿·伍德维尔报道

他搭乘一艘开往新奥尔良的内河船，途中几名乘客相继死亡，但他仍然对霍乱的传言无动于衷。

予的权利持续存在，并维护美国移民在俄勒冈地区的土地——北纬42°以北到北纬54°以南的地区。

英国和美国都声称对这块领土拥有主权——英国通过库克船长和乔治·温哥华带领的探险活动对该地区宣示主权，美国则通过刘易斯和克拉克的探险活动以及罗伯特·格雷的航行对该地区宣示主权。两国都不希望发生冲突。1818年，他们协议共同管理这一地区。然而，19世纪40年代定居者大量涌入，使该地区的人口向美国倾斜，美国人的爱国主义情绪随之高涨。当波尔克提出要兼并俄勒冈地区时，英国威胁开战。然而，波尔克认为英国更愿意与美国维持良好的贸易伙伴关系，于是他提议将俄勒冈地区分割。双方协议将加拿大和美国的边界向东延伸至太平洋，将温哥华岛划分给英国，未来的俄勒冈州地区划分给美国。

波尔克曾成功猜到了英国的底牌，在得克萨斯问题上他又故技重施——但这次他没能正确解读对手的意图。1845年12月，波尔克签署了一项兼并得克萨斯的决议，然后派特使去面见墨西哥总统何塞·德·埃雷拉，提出以3000万美元购买新墨西哥和加利福尼亚。波尔克以为德·埃雷拉会欣然接受，但是他拒绝了。

1846年年初，波尔克在研究资助墨西哥政变的可行性时，派遣扎卡里·泰勒将军和3500名士兵前往努埃西斯地区——得克萨斯和墨西哥争夺的一个位于里奥格兰德北岸的地区。波尔克命令美军向墨西哥军队挑衅。5月，在收到美国士兵在该地区被杀和被俘的消息后，他指责墨西哥人"让美国人在美国的土地上流血"。但实际上，挑起这场冲突的是美军将领泰勒。国会立即投票赞成发动战争。

向前推进美国边疆毫无疑问意味着遏制英国的野心——英国对加利福尼亚宣示主权可以追溯到弗朗西斯·德雷克爵士环球航行期间的"新阿尔比恩"登陆。为了降低遭到干预的可能性，波尔克派军占领了新墨西哥首府圣菲和加利福尼亚首府洛杉矶。

1847年9月，墨西哥城落入美军之手，波尔克强迫墨西哥签署战败条约《瓜达卢佩-伊达尔戈条约》。根据该条约，得克萨斯将成为联邦的第28个成员，里奥格兰德将是它的南部边界。

此外，墨西哥还在西部割让了大片土地，即加利福尼亚，其北部边界与美国俄勒冈地区的南部边界接壤。这时的俄勒冈地区包含了亚利桑那、内华达和犹他的几乎全部地区，怀俄明和科罗拉多的大部分地区，以及新墨西哥的一半。作为回报，美国向墨西哥支付了1500万美元——这比波尔克战前提出的金额少了一半——并同意免去美国公民向墨西哥政府索取的325万美元战争赔款。

1845年，得克萨斯作为蓄奴州加入联邦。1846年，艾奥瓦州作为自由州（非蓄奴州）加入联邦。1848年，加利福尼亚淘金热使其人口暴增，1850年，加利福尼亚作为自由州加入联邦。1864年大选前，内华达以自由州的身份仓促加入联邦，因为林肯想要确保共和党在国会中占多数席位。

美国南部和西部的扩张加剧了美国国内在奴隶制问题上的紧张局势——此时已经因为奴隶

▲ 1847年，美国军队控制了墨西哥城

制问题而分裂的政党对是否应该在新领土上实施这种"特殊制度"依然存在分歧。曾经的政治妥协大师波尔克并没有袖手旁观，他尝试调和支持和反对奴隶制的两派。1844年，他以妥协候选人的身份获得了民主党总统候选人提名，但条件是，他不能竞选连任。

然而，在奴隶制问题上南北双方不可能达成持久的妥协。波尔克卸任总统后，民主党很快就因是否在新领土推行奴隶制而分裂了。当民主党大会选择支持奴隶制的刘易斯·卡斯做总统候选人时，北方各州反对奴隶制的民主党人脱离该党，

年离开华盛顿特区，完成计划已久的南部之旅，然后回到纳什维尔的新家。然而归途坎坷，最终变成了葬礼进行曲。

波尔克夫妇沿东海岸南下的行程安排得比较紧张。在他们向西前往亚拉巴马州的途中，身体一直不太强壮的波尔克得了重感冒。当他们搭乘一艘沿着密西西比河顺流而下开往新奥尔良的内河船时，几名乘客死于霍乱，但波尔克对霍乱爆发的传言无动于衷。

他们抵达新奥尔良后，波尔克继续无视城中关于霍乱的传言，坚持接受邀请以表示对公众的尊重。之后，他和妻子莎拉换乘另一艘船前往田纳西州。在旅途中，他一度重病不起，不得不下船在陆地上卧床休息了几天。在一名医生向波尔克保证他绝对没有感染霍乱后，波尔克在该传染病爆发期间继续喝生水。正如他的田纳西州民主党同僚萨姆·休斯敦开玩笑说的那样，波尔克是"把水作为饮料的受害者"。

在拜访了年迈的母亲之后，波尔克夫妇很快回到了纳什维尔，并在他们的新家安顿下来。波尔克恢复了健康，他似乎终于摆脱了困境——但他突然又病倒了。波尔克最终于1849年6月15日在家中逝世，很可能是死于霍乱。

成立了自由土地党，并提名范·布伦为他们的候选人——这样做的结果是分流了民主党的选票，把辉格党候选人送入了白宫。1849年3月，新总统、美墨战争明星扎卡里·泰勒宣誓就职。

尽管波尔克相对年轻，但在担任最高领导人4年后，他已筋疲力尽。他和妻子决定在1849

▲ 1846年，波尔克总统（前排左起第3位）与内阁成员的合影。这是第一张在白宫内拍摄的照片

黄金之州

黄金的意外发现如何永久改变加州的面貌?

乔·科尔

▼ 旧金山成为一个新兴城市,新行业如雨后春笋般涌现,以满足涌入人口的需求

詹姆斯·马歇尔是约翰·萨特在加利福尼亚科洛马雇用的一个工头,对他来说,这一天的开始与以往没什么两样,他照常为萨特兴建的一家木材厂建造尾水渠。但1848年1月24日注定是一个不平凡的日子。在早上的例行检查中,马歇尔发现一块闪亮的金属,那后来被证明是黄金。马歇尔的意外发现引发了1848年到1855年的淘金热。

你可能认为这样的发现会让萨特兴奋得跑到屋顶尖叫,但事实恰恰相反。萨特的梦想是建立一个庞大的农业帝国,他知道,如果在他的土地上发现黄金的消息传出去,他的梦想将会破灭。所以他试图将这一发现秘而不宣。

然而,他的计划没有成功,关于黄金的谣言开始流传。1848年5月,当商人塞缪尔·布兰南将这一发现公布于众后,覆水难收。消息只会传播得更远:《纽约先驱报》于1848年8月19日报道了这一发现,詹姆斯·波尔克总统于1848年12月5日在国会发表讲话时讨论了这一发现。来到加利福尼亚淘金的不只是附近的居民,截至1849年年初,这个消息已经传遍了全世界,为了致富,大批淘金者涌入西部。

第一批来到科洛马的淘金者是加利福尼亚人,他们举家西迁,极尽全力收集黄金。一开始,淘金相对容易。地壳运动的力量将矿物(如黄金)推到内华达山脉的表层,水将其带往下游,最后在河流和小溪的砾石床中沉淀下来。淘金者可以在溪流中淘金,甚至能用手直接挑出金片和金块。

> 加州的州训是"Eureka!"(意为"我找到了!")这是矿工们发现黄金时发出的呐喊。

淘金热中的第一个百万富翁
让我们认识一下靠加州黄金第一个赚到一百万的人

最早宣传淘金热的人应该成为淘金热最大的受益者之一,这似乎毋庸置疑。塞缪尔·布兰南有多种身份,但他在淘金热中最重要的身份是商人和记者。他在旧金山创办了《加利福尼亚星报》,是第一批传播发现黄金消息的人。事实上,因为所有报社员工都辞职去挖金子了,他根本无法通过报纸宣传这一消息。作为旧金山和金矿之间唯一一家商店的老板,他买下了所有他能找到的淘金必需品,然后在旧金山街头到处大喊:"黄金!美国河上有黄金!"以招揽生意。报道称,他以每只20美分的价格买入平底锅,再以15美元的价格卖出,仅在9周内就赚到3.6万美元。

然而,布兰南的好运气并没有持续多久。当他的妻子和他离婚时,他不得不变卖大部分不动产,以把共有财产的一半分给妻子。布兰南死于1889年,死时已穷困潦倒。

▲ 布兰南靠精明的商业决策财源广进

早期的淘金者得到了丰厚的回报。他们能够轻而易举地收集到大量黄金——即使是淘金门外汉也能收集到足够多的黄金以改变他们的生活。据估计,当时每天发现的黄金的平均价值是一个劳工日工资的10倍到15倍。

早期探矿者还得益于加利福尼亚奇特的法律环境。1848年,加利福尼亚虽然已被美国征服(通过美墨战争),但它在名义上还是墨西哥的领土。尽管加利福尼亚在1848年年初战争结束时就归入了美国,但一切还没有得到正式认可。因此,它处于某种中间地带——此地的居民们在墨西哥、美国和加利福尼亚地方统治的夹缝中生存。金矿理论上位于公有土地,但在没有任何行政或司法机构管理的情况下,所有人都可以在这里分一杯羹。探矿者们采用墨西哥采矿法,根据该法,探矿者可以申领一块土地,但所有权只在这块土地被开采时有效。对探矿者更有利的是,申请过程不收取任何许可费或赋税。

1848年起,许多人来到这里寻找黄金。1849年,淘金人数呈现爆炸式增长,得知这一消息的人开始从世界各地陆续抵达。这些移民被称为"49淘金者",他们永久地改变了加州的面貌。

"49淘金者"中大多数是美国人,他们通过马车队、内河船或其他任何可行的交通方式来到这里。但淘金者不仅仅是美国人,中国、德国、法国、意大利、英国、澳大利亚和新西兰的人也来到了这里。1849年,大约共有9万人涌入加利福尼亚,其中约有4万人来自其他国家。虽然到达加利福尼亚后的回报是巨大的,但对许多人甚至是美国人来说,这趟旅程的代价也是巨大的。首先,大多数探矿者必须借钱或花光毕生积蓄才能完成这一旅程。其次,以男性为主的淘金者们为寻求财富,不得不背井离乡,留下妻子

1857年,"中美洲"号蒸汽船在卡罗来纳海岸沉没,船上载有大约20吨加州黄金。

▲ 淘金热改变了加利福尼亚的命运,也使许多人变得非常富有

独自抚养孩子,并承担本应由丈夫担负的所有家庭责任。

但是所有的付出都是值得的——如果探矿者们到的足够早的话。虽然河流中的金矿储量惊人,但为数众多的探矿者很快就挖光了容易开采的黄金。到了1850年,外行人能找到的大部分黄金都已被采尽,这意味着人们必须采用更复杂的采矿方法。他们使用"不规则小窑开采",即沿着小溪挖掘6—13米深的竖井,从井底向各个方向挖掘隧道以获取深层金矿。或者将整条河流改道,以获取裸露的河床底部的黄金。1851年,矿工们开始使用爆破法开采含金岩石。

淘金热初期,寻找黄金像从婴儿手中拿走糖果般易如反掌,但现在它需要极其精细的步骤并耗资不菲。花光毕生积蓄到达加利福尼亚后,却发现只有使用专业的采矿技术才能挖到金子,这

▲ 淘金热的环境成本无论在过去还是现在都是巨大的，它造成河流改道，使毒素进入供水系统

对矿工们来说一定非常痛苦。他们的失望很快转化为敌意和指责。美国的淘金者认为来自其他国家的淘金者偷走了本该属于他们的黄金。为了阻止外来者淘金，加利福尼亚在1850年引入了外国矿工税，每月向每位外国矿工收取20美元税款。

人们在加利福尼亚淘金热中致富的手段各有不同，有的光明正大，有的卑鄙拙劣，但无论如何，最大的赢家之一是加利福尼亚。

在淘金热刚开始的时候，加利福尼亚还未加入联邦。当马歇尔在1848年发现那块小小的金片时，加利福尼亚还是一片尘土飞扬的前墨西哥领土，人烟稀少，希望渺茫。但黄金的出现和淘金热带来的移民，使加利福尼亚在1850年一跃跻身少数几个立即获批加入联邦的新州。然而，尽管加利福尼亚从黄金的发现中获益匪浅，但真正得益的却是旧金山市。

1848年，当黄金首次被发现时，旧金山大约有1000名居民。刚开始，这一发现对这座城市没有任何帮助——事实上，人们为了淘金而离开这里，这座城市变成了一座空城。但是后来它迅速发展成一个新兴城市。随着矿工和商人的

▲ 这幅由 J. R. 布朗绘制的插图展现了白人对美国土著的典型立场——消灭他们

以男性为主的淘金者们为寻求财富不得不背井离乡，留下妻子独自抚养孩子，并承担本应由丈夫担负的所有家庭责任。

穿越巴拿马地峡，然后登上开往东海岸的轮船。

蓬勃发展的不仅是基础设施，加州还兴建了道路、教堂和学校。为了满足新移民的需求，农业开始大规模发展。事实上，对许多人来说，农业是淘金热的真正宝藏。随着黄金供应慢慢减少，那些把时间和金钱投入农业的人开始从来到加利福尼亚并留下来的淘金者身上获利。

不幸的是，一些人的成功靠的是把其他人踩在脚下。在淘金热中，两个方面深受其害——环境和土著。

由于黄金越来越难找，搜寻黄金的方法也变得更具破坏性，这对加利福尼亚的环境产生了持久的影响。矿工们最初使用平底锅采矿，但随着寻找黄金的难度加大，他们开始建造大型挖泥船在河流和小溪采矿；使用水炮炸开山坡，令金子暴露。每个矿井都是通过爆破大量岩石建成的。

水力采矿在19世纪50年代开始流行，并对这片土地造成了无法弥补的破坏。这种方法是将高压水喷射到砾石层上，把碎石和里面的金子冲到洗矿槽，让金子在底部沉淀。这种方法的问题是，它会导致诸如砾石、淤泥和金属等污染物流入小溪和河流，堵塞附近的水道，损害中央谷地的农业。

到来，当地居民的数量在1850年年初激增到2.5万人。为了满足这些移民的需求，新的行业如雨后春笋般涌现出来，其中包括酒馆、妓院和寄宿公寓。

旧金山成为淘金热时代的大都市，基础设施很快得到改善，尤其是加州和东海岸之间的交通。太平洋邮船公司开通了从旧金山到巴拿马的定期航线。旅客们可以乘坐新建成的巴拿马铁路（于1855年完工）

> 约翰·萨特担心发现黄金的消息会摧毁他的农业梦想是有根据的。工人们辞职离开，庄稼因此被盗。

▲ 在淘金热早期，矿工们仅通过淘洗就能获得数量可观的黄金

矿工和农民之间的关系因此恶化。1884年，索耶判决禁止了水力采矿法，然而，因为许多采矿方法都会向环境释放有毒物质，特别是用于从石英和石头中提取黄金的汞，直到今天，水力采矿旧址的下游仍有一些地方寸草不生。环保人士正在研究淘金对水源造成的伤害。美国地质勘探局发现，内华达县的鱼体内汞含量超标。

除了实际采矿过程中造成的破坏之外，为了维持采矿活动而采取的措施也同样具有破坏性。例如，为了满足干旱月份的用水需求，矿场建造大坝，改变了河流的流向。为了建造人工运河系统和维持矿场锅炉的运行，伐木业应运而生，对加州的森林造成了破坏。尽

许多从东海岸出发的"49淘金者"冒着生命危险长途跋涉来到加利福尼亚。

▲ 一切的源头：马歇尔在萨特磨坊的发现永久改变了加州的面貌

矿工会把黄金熔化，制成普通的家庭用品，以掩盖他们的财富，躲避强盗。

开拓路线

要到达"黄金之州",矿工们只有两种选择:俄勒冈小道或海路

对大多数人来说,去加州淘金是一件大事。正是从东海岸到"黄金之州"的这段旅程,促进了美国重要基础设施的建设。

对于早期从东部到西部的淘金者来说,只有两条路可供选择。他们可以乘坐篷车由俄勒冈小道转加利福尼亚小道。这条路线要穿越地势崎岖地带和敌对的美国土著领地,全程需要花费大约6个月的时间。

另一种选择是走海路,同样要花费6个月的时间。矿工们从纽约出发,先航行到南美洲,然后再到圣迭戈或旧金山。坐在船上欣赏沿途风景听起来可能很吸引人,但这不是豪华游轮之旅。旅行者们要忍受晕船和极度无聊的漫长海上生活,吃已经生了虫子的食物,还必须为此支付一大笔钱。

这两条路线都解决不了淘金的燃眉之急,因此,1850年铁路公司开始规划巴拿马铁路。它由美国私人公司建造,横跨巴拿马地峡,是世界上第一条越洲铁路。重要的是,它为淘金者缩短了数月的行程。

管这些都很可怕,但与当地土著的遭遇相比,环境遭到的破坏相形见绌。

关于加州淘金热有一些惊人的数据——30万人来到加州寻找黄金,在淘金热的最初5年开采出约370吨的黄金,以今天的价格计算,价值数百亿美元。1848年至1868年,10万美国土著死于"加州种族灭绝"。

大批移民涌向加州,把美国土著赶出了传统的狩猎区。美国土著因担心家园被夺而攻击矿工,结果却遭到矿工对他们村庄的报复性袭击。矿工们有枪,美国土著势必遭到屠杀。即使能在袭击中幸存下来也不意味着得救,因为矿工们已经占领了他们的狩猎区,幸存者很有可能会饿死。

即使村庄没有成为矿工的直接目标,由于采矿而进入当地环境的泥沙和化学物质也会杀死鱼类并破坏它们赖以生存的重要栖息地。除此之外,农民霸占土地以供养矿工,这使得美国土著的生存更加艰难。

矿工们不把土著当人看,而把他们视为威胁到他们利益的障碍,想要消灭他们。1850年,加州立法机构通过了《印第安人管理和保护法》,该法案虽然表示将保护美国土著,但实际上并没有改善他们的境遇。它将外来定居者奴役土著和收养土著孩子的行为合法化,并禁止所有土著在法庭上指证非土著定居者。

加州第一任州长彼得·伯内特没有采取任何措施来改善这种情况——他认为政府批准的种族灭绝是上帝的安排,移民和美国土著之间的紧张关系是不可避免的。州政府甚至资助由联防队员、士兵、矿工等不同身份的人组成的敢死队猎杀美国土著。在这种情况下,美国土著只有两种选择——要么离开,要么死。

在这段时间里,美国土著遭受了巨大的伤害,政府对其遭遇也漠不关心,加州政府的记录显示,1849年至1870年,有4500名美国土著因遭受暴力而死亡。与西部许多群体一样,美国土著替白人承受了他们为改善自己的生活所带来的后果。

向西扩张何以引发战争

随着美国向西部扩张，一个问题导致了国家分裂：新州以蓄奴州还是自由州的身份加入？

爱德华多·阿尔伯特

从19世纪初开始，美国就走向了分裂。因为奴隶制问题，美国内部在文化、政治、地理甚至宗教上都产生了分歧。但是，由于双方势均力敌——组成美国的22个州中，有一半是自由州，另一半是蓄奴州——联邦暂时得以维持统一现状。然而，1819年，当密苏里申请以蓄奴州的身份加入联邦时，这种微妙的平衡受到了威胁。

密苏里是路易斯安那领地的一部分。1803年，美国购买了法国的大片土地（当时美国的西部边界大致从五大湖西岸向南延伸至南部边界），使美国的国土面积翻了一倍，增加了82.8万平方英里（几乎是英国面积的4倍）。这片新领地东临密西西比河，西临落基山脉，北临加拿大，南临墨西哥湾，幅员辽阔。

"天定命运"的观点认为，向西扩张是美国的责任，它在民主党人中获得了最多的支持。

当密苏里地区人口超过加入联邦的最低门槛后，它立即申请加入。作为一个新州，它将在参议院拥有两名议员，因此它的加入将打破自由州和蓄奴州之间的平衡。随着对立双方敌意的日益加深，众议院议长亨利·克莱促成了一项妥协，在密苏里以蓄奴州身份加入联邦的同时，允许缅因以自由州的身份加入，借此维持双方的平衡。

该妥协案还规定，从那以后，以北纬36°30'为界，这条线以北的地区，除密苏里州以外，以自由州身份加入联邦，这条线以南地区以蓄奴州身份加入联邦。随着这一法案的实施，奴隶制沿着这一分界线逐渐向西扩张。

尽管《密苏里妥协案》暂时解决了南北方的分歧，但许多政治家认为它为未来的冲突埋

奇克莫加战役，1863年

维克托·雨果试图为约翰·布朗争取赦免。"比该隐杀害亚伯更可怕的是华盛顿特区杀害斯巴达克斯"。

▲ 戴维·布罗德里克和戴维·特里之间的决斗，布罗德里克的枪走火了，但特里还是开了枪

下了种子。第6任美国总统约翰·昆西·亚当斯在他的日记中写道："现在只是序言，是一部伟大悲剧著作的扉页。"

1849年，当加利福尼亚请求加入联邦时，这个问题再次浮出水面。随着1848年黄金的发现，加利福尼亚人口迅速增长，它不仅吸引了自称自由土地党人的自由州淘金者，也吸引了自认为具备骑士精神的蓄奴州淘金者。加利福尼亚在奴隶制问题上的紧张局势持续了很久，即使在作为自由州加入联邦9年后，该州的两个著名政治代表——参议员戴维·布罗德里克和最高法院前首席法官戴维·特里还因为这一政治分歧进行了决斗。两人曾经是朋友，但是因为奴隶制问题闹翻了。特里是奴隶制的拥护者，他在决斗前提前用两把比利时点58口径手枪进行了演练。而自由土地党人布罗德里克却没有做任何准备。

▲ 一张宣传堪萨斯是自由州的海报，尽管此时投票结果已认定它为蓄奴州

决斗时，布罗德里克的枪在最后倒数时走火，之后，他笔直地站在原地没动。对手的枪走火了，特里本可以选择开枪打偏，但他没有，他射中了布罗德里克的胸膛。3天后，布罗德里克去世。他在临终前说："因为我反对奴隶制的扩张和腐败的政府，他们杀了我。"

1850年加利福尼亚作为自由州加入联邦后，

▲ 众议员普雷斯顿·布鲁克斯攻击参议员查尔斯·萨姆纳

自由州和蓄奴州之间的紧张关系进一步恶化。为了安抚蓄奴州，国会同意让新墨西哥和犹他地区的人民自己决定成为蓄奴州还是自由州。与此同时，这项妥协还要求自由州的人民帮助抓捕逃跑的奴隶，这进一步激化了自由州和蓄奴州之间的矛盾。双方站在道德高地的对立面，自由州人民不愿成为捕奴者，而蓄奴州人民则认为他们的北方兄弟藐视法律。

随着美国持续向西扩张，新州以蓄奴州还是自由州身份加入联邦的问题出现得越来越频繁。加利福尼亚加入联邦后仅4年，伊利诺伊州参议员斯蒂芬·道格拉斯就提出了另一个解决方案。蓄奴州对允许新的自由州加入联邦不感兴趣，美国向西扩张的步伐止步于密西西比河。为了继续西进，道格拉斯提出了一项新的法案《堪萨斯－内布拉斯加法案》。该法案规定，人民将自己决定所属州成为自由州还是蓄奴州。道格拉斯的许多民主党同僚认为这是一种扩张奴隶制的策略，他们开始与其他政客联合反对奴隶制，并最终形成了后来的共和党。

当堪萨斯选举决定该州是自由州还是蓄奴州的代表时，密苏里州的奴隶制支持者越境来到堪萨斯投票，扭曲了选举结果。事实上，这次选举的舞弊现象非常普遍。堪萨斯立法机构通过了支持奴隶制的法律。自由州支持者对这一欺诈行为大为恼火，他们开始武装自己，并建立了一个平行立法机构。与此同时，自由州支持者和自称为法律与秩序党的奴隶制支持者之间爆发了日益激烈的冲突，双方对冲突的升级都负有责任。为了报复一起谋杀，自由州支持者烧死并恐吓支持奴隶制的定居者，随后，他们自己也因此在劳伦斯镇被追捕和包围。在围攻中，废奴主义妇女把枪支藏在裙子里偷运给被围困的自由州支持者。最后，奴隶制支持者在寒冷的冬天到来之时放弃了

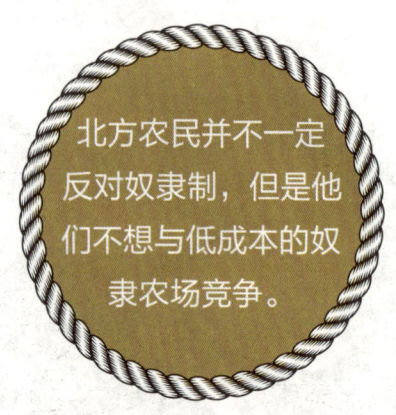

北方农民并不一定反对奴隶制,但是他们不想与低成本的奴隶农场竞争。

围城行动。但是当他们在第二年春天回到劳伦斯镇时,他们烧毁了自由州的酒店,并把废奴主义报纸《自由先驱报》扔进河里。在东部,支持共和党的报纸将此次围城称为"劳伦斯之劫"。

一位名叫约翰·布朗的废奴主义者,在去帮助劳伦斯解困的路上得知他来得太迟了。盛怒之下,他带领一队人来到波塔瓦托米河,在那里杀害了5名支持奴隶制的定居者,这一事件被称为波塔瓦托米大屠杀。在那之后,布朗采取了游击战术,与支持奴隶制的民兵展开了一系列小规模战斗。

一些历史学家认为这些小规模战役是内战的开始。在堪萨斯的行动中赢得的知名度使布朗得以为袭击西弗吉尼亚的哈珀斯费里筹集资金。他希望购买武器,在那里发动一场奴隶起义。然而,突袭失败了,布朗被捕,并以叛国罪受审,最后被处以绞刑。这次突袭激怒了双方,战争几乎已经不可避免。在行刑的那天早上,布朗写道:"我,约翰·布朗,现在非常肯定地讲,这块邪恶之地上的罪孽只有用鲜血才能涤荡干净。"

18个月后,美国内战爆发。这场战争及其结果改变了美国西部。亚伯拉罕·林肯总统1862年签署了3项极具变革意义的法案:《宅地法》、《太平洋铁路法》(促成修建第一条横贯北美大陆的铁路)和《莫勒尔法》(向各州提供联邦土地以资助农业院校,为国家培养了一代又一代的牧场主和农民)。这些法律为"征服"西部奠定了基础。对于美国土著来说,这些法案意味着他们将失去祖辈留下的土地,但对许多刚获得自由的奴隶来说,这些法案让他们得以在堪萨斯州的尼科迪默斯等城镇定居下来,建立自己的家园。

草原上的许多房屋
一项法案如何激发一系列儿童故事的创作灵感?

《草原小屋》和许多其他作品都是受到《宅地法》的启发。林肯总统于1862年5月20日签署该法案,根据规定,任何美国公民或有意成为美国公民的移民都可以申领160英亩无人认领的公共土地,只要缴纳少量申请费即可。为了获得土地的最终所有权,申请人必须在土地上建造房屋,种植作物,并在那里连续居住5年;或者,只要他们在这片土地上修建了房屋,种植了庄稼,他们可以在6个月后,以每英亩1.25美元的价格购买这块土地。在1862年至1900年,超过8000万英亩的土地被分配给迁居西部并在美国西部大草原上建造房屋的人们。英戈尔斯一家就是其中的一员,他们在1869年搬到堪萨斯州的蒙哥马利县。《草原小屋》就是根据这家人在那里的经历创作的。

▲《草原小屋》第一版的封面

蛮荒西部

- **108** 《宅地法》
- **113** 为生存而战
- **122** 征服西部
- **132** 追捕比利小子
- **145** 怀亚特·厄普的蛮荒西部
- **156** 边疆消逝

《宅地法》

《宅地法》加速了美国公民在西部定居的进程。它为一些人创造了机会，也为一些人带来了麻烦

迈克·哈斯丘

▲ 定居者家庭为生火做饭而伐木，这是19世纪西部家庭的日常家务

19世纪，势不可挡的美国西进运动为许多人带来了机会，并赢得了美国政府的支持，数百万人依靠政府政策在西部拥有了自己的土地。1862年，国会通过了一项重要法案——《宅地法》。根据该法案，从未参加叛乱的合众国民众，只要愿意在西部定居并耕种土地5年以上，就可以免费申领一块160英亩的土地。如果他们想要更早获得土地所有权，也可以在定居6个月后以每英亩1.25美元的价格申请购地。

在南北战争之前，美国国会提出过许多激励美国公民西迁定居的政策，然而，南方立法者在国会成功阻止了几乎所有这类政策的通过。他们担心西迁会使国会的权力天平向主张"自由土地"政策的北方人和新成立的共和党人倾斜。这些人鼓励农民以个人名义申领土地，这会阻碍奴隶制在新领土上的扩张。1850年，《土地赠予法》勉强得以在国会通过，它允许定居者在俄勒冈地区申领土地。根据该法案，1850年至1854年，定居者可以免费申领320英亩或640英亩土地，之后再以每英亩1.25美元的价格购买，该法案于1855年废止。

然而大多数时候，宅地相关立法经常因分歧而陷入僵局。1858年，一项宅地法案在众议院获得通过，但在参议院以一票之差被否决。1860年，民主党总统詹姆斯·布坎南否决了国会的另一项宅地法案。然而，内战开始后，南方诸州与联邦分裂，南方国会议员离开了华盛顿特区，这为宅地法案在国会通过打开了方便之门。1862年，《宅地法》由共和党总统亚伯拉罕·林肯签署正式成为法律。

该法案对宅地申请人的限制相对较少，要求年满21岁的户主提交申请，承诺耕种土地，并随后提供相应的证明。然而，政府的核查程序一直没有得到完善。许多东部和中西部各州勉强维持生计的农民、内战后获得自由的黑人奴隶、外国移民都得益于1862年《宅地法》。但是，这一法案并没有像预期的那样，促成低收入或贫困人口由北部和东部大城市向西部大规模迁移。

尽管如此，到内战结束时，西部已收到了1.5万份土地申请。该法案最终促成了160万份土地授权，总面积达2.7亿英亩，大约109万平方千米，约占美国国土面积的9%。虽然1862年的《宅地法》被希望通过快速出售土地获利的投机者掌控和利用，但它仍然推动了美国人口向西部的迁移和定居。

与此同时，美国土著以惊人的速度失去了他

▲ 被用作宅地申领登记亭的9座帆布帐篷，1893年拍摄于美国西部边疆

们的土地。虽然他们和联邦政府缔结条约可以合法定居在达科他、俄克拉何马和其他地方的保留地，但是白人定居者仍不断入侵蚕食他们的合法土地。有时，政府似乎无力阻止移民在土著土地上定居，《宅地法》进一步加剧了美国土著的困境。

距首部宅地法案出台已有一个多世纪，长期以来国会一直试图通过各种措施扩大其效力。1866年颁布的《南方宅地法》旨在帮助内战后南方的佃农拥有自己的土地，但收效甚微。尽管土地售价不高，但很少有人能够支付得起相关费用。1873年的《林木种植法》允许定居者在现有土地之外再额外申领160英亩土地（合计土地面积最高不超过320英亩），条件是他们要在四分之一的土地上植树。

宅地相关法案一直延续到20世纪。1904年，《金凯德修正案》为西经100°以西可耕地较少地区（尤其是内布拉斯加州）的定居者提供640英亩的土地，因为在那片贫瘠的土地上，农民需要更多的土地才能有所收获。1909年，《扩大宅地法》为愿意接受难以灌溉且通常位于大平原土地上的定居者提供320英亩的土地。

1916年，《畜牧宅地法》为需要放牧的潜在牧场主提供640英亩的土地，20世纪30年代富兰克林·罗斯福总统的新政中也包含了最低保障性宅地政策。20世纪80年代末，最后一项宅地法案为阿拉斯加土地申领者提供了80英亩的宅地。

俄克拉何马的土地哄抢热

1889年，成千上万的定居者等待着抢占俄克拉何马土地的信号

1889年，《印第安人拨款法》通过后，本杰明·哈里森总统向白人定居者开放了200万英亩俄克拉何马的土地。1889年4月22日中午，大约5万人涌向俄克拉何马。受到1862年《宅地法》条款的鼓舞，定居者们摩拳擦掌，准备夺取好的地块。然而，有些人已提前进入，在开始时间之前就抢占了最好的土地。这些人被称为"抢先者"，而那些等待土地开放信号的人则被称为"听炮者"。土地哄抢结束后，《哈珀周刊》报道称："4月22日星期一中午12点，格思里的居民人数还屈指可数，但日落之前，这里的人口就激增到了至少1万人。人们已经规划好了街道布局，划出了城镇地块，并开始准备组建市政府。"

▲ 定居者们争先恐后地争夺曾经属于切罗基土著部落的俄克拉何马土地

驻扎在小比格霍恩河沿岸的拉科塔人和夏延人在人数上处于优势,他们击溃了第七骑兵团的5个连

为生存而战

面对白人殖民者对他们土地的侵占，
美国土著为了维护自己的生存方式奋起反抗

威廉·韦尔什

美国的印第安人战争是殖民地白人与美国土著之间爆发的一系列突袭和伏击战，其中大型冲突较少，时间间隔较长。在突袭战中，美国土著勇士能够扳平劣势，但在伏击战中，他们在人力和装备上都不敌拥有更多资源的对手。这些冲突持续了近3个世纪，从欧洲殖民者最早到达美洲开始，一直到19世纪的最后10年才结束。

在欧洲人到来之前，美国土著部落大多是勇士社会，他们为争夺土地和资源与相邻部落开战。当大平原上的部落获得马匹后，他们的生活方式发生了巨变。16世纪的西班牙探险家将马匹带到了北美，随后在墨西哥北部定居的西班牙人也拥有了马匹，这些马匹中的一些跑掉了，在西南地区游荡。南部平原部落不仅从野生兽群中获得马匹，还通过突袭西班牙领地墨西哥获得马匹。截至18世纪中期，干旱的西南部和南部平原部落都已拥有马匹，不久之后，北部平原的部落也拥有了马匹。

马匹的获得彻底改变了这些部落的生活。拥有马匹使他们能够开展远程进攻，并压制缺乏马匹的邻近部落。虽然美国土著传统上使用弓箭、战斧和刀具作战，但他们很快就收到了作为礼物馈赠的火器，并开始通过交易和突袭获得更多火器。

根据冲突的起因、地点和参与者的不同，印第安人战争可以大致分为几个重叠的时期。17世纪和18世纪的冲突是东部美国土著反抗白人殖民统治的战斗。19世纪中期，美国白人信奉天定命运，也就是向整个北美大陆扩张，并在密西西比河以西的土地上定居。大量移民的涌入引发了大量冲突。

19世纪，美国土著部落时刻面临着绝望的生存斗争。在此期间，美国政府试图迫使美国土著移居到土地质量低劣的保留地生活。美国土著竭尽全力抵抗，但最终都屈服于美军的军事力量。

科曼切战争（南部平原）

控制南部平原的科曼切是美国西部最好战的土著部落。科曼切人是凯厄瓦人、阿拉珀霍人和南夏延人的盟友。在战斗中，他们能够熟练地使用9英尺[①]的长矛，并在敌军给无膛线滑膛枪装填弹药时，快速射出6支箭。

19世纪初，科曼切人的数量大约有3万。他们分为12个松散的族群，这些族群又分为多达35个不同的分支，每个分支都有自己的首领。虽然科曼切人向南进攻墨西哥，但由于1836年得克萨斯共和国的成立，他们对盎格鲁−美国白人定居者的敌意越来越大。

科曼切人经常袭击得克萨斯人的定居点。1836年5月19日，一次针对得克萨斯帕克堡定居点的袭击，对科曼切人在随后的岁月里产生了深远的影响。300名科曼切人扫荡了该定居点，屠杀男人，掳走马、牛、妇女和儿童。9岁的辛西娅·安·帕克也在被俘人员之列。她由科曼切人抚养长大，后来嫁给了夸哈迪族的首领佩

> **在欧洲人到来之前，美国土著部落大多是勇士社会，他们为了争夺土地和资源而与相邻部落开战。当部落获得马匹后，他们迎来了重大转变。**

---
① 1英尺约为0.3048米。

▲ 这张照片展示的是帕塔瓦米人，他们是生活在密西西比河上游和西部五大湖地区的美国土著

塔·诺科纳。他们的儿子夸纳·帕克长大后成为19世纪70年代科曼切抵抗运动的领袖。

科曼切战争编年史上最著名的事件之一是1840年3月19日在奥斯汀的一次谈判中发生的市政厅之战。当科曼切人拒绝移交白人人质时，得克萨斯人射杀了35名科曼切人代表，并俘虏了30名囚犯。为了报复，"水牛背"（Buffalo Hump）酋长率领1000名战士深入得克萨斯发起了著名的大突袭。科曼切人在8月6日至7日洗劫了维多利亚和林维尔两镇，带走了大量财物。

1845年，得克萨斯加入联邦后，美军在得克萨斯建造了绵延400英里的一系列堡垒，以分隔东部的白人定居点和西部科曼切人控制的土地。美军频繁的巡逻抑制了科曼切人的袭击。美军意识到自己在得克萨斯的兵力吃紧，遂由得克萨斯人成立了一个名为"得克萨斯游骑兵"的准军事组织来维持法律和秩序，并对抗科曼切人。

从19世纪40年代开始，越来越多的美国骑兵和得克萨斯游骑兵配备了柯尔特连发左轮手枪和后膛卡宾枪，这使得他们在交火时能稳坐马背。在1858年的羚羊山战役中，一支约100人的得克萨斯游骑兵队用柯尔特左轮手枪在加拿大河沿岸杀死了76名科曼切人，战斗中只有两名得克萨斯游骑兵丧命。

1867年签订的《梅迪辛洛奇条约》授予科曼切人及其盟友在阿肯色河和锡马龙河以北狩猎水牛的独家权利。然而，大量白人水牛猎人的到来威胁着他们的生存。作为回应，科曼切人开始攻击水牛猎人和贸易站。在这些贸易站，水牛先被加工处理，然后沿铁路向北运送到堪萨斯州，再经由那里配送到全美各地。1871年5月18日，科曼切人和凯厄瓦人对美军货运马车队发动了一次血腥袭击，杀死了许多货运马车司机。从那以后，美军驱逐科曼切人回归保留地的行动升级。领导美国土著抵抗的重任落在了夸纳·帕克的肩上。帕克的宿敌是驻扎在理查森堡，以削弱科曼切人战斗力为目标的美国第四骑兵团资深指挥官拉纳尔德·麦肯齐。在1874—1875年的红河战争中，帕克领导的夸哈迪科曼切人遭遇了压倒性的军事力量。此时科曼切部落的规模已大不如前，2000名科曼切人生活在保留地，1000名由帕克酋长率领的"敌对分子"在得克萨斯州西北部崎岖不平的台地活动。

5支美国骑兵和步兵部队一起向科曼切人及其盟友逼近。剩余的科曼切人和他们在保留地外生活的盟友加起来只有800人。美国骑兵将科曼切人追赶到他们在斯塔克特平原的藏身之处——得克萨斯州西北部的一块崎岖不平的高地。

1874年9月，麦肯齐的600名士兵在帕洛杜罗峡谷找到了几处科曼切人的营地。帕克率部展开后卫战，使他们的家人得以逃脱，但麦肯齐俘获了他们的1400匹马。他留下一些马匹，杀掉了剩下的马匹。由于失去马匹，科曼切人被迫永久迁居到印第安领地的科曼切-凯厄瓦人保留地，也就是现在的俄克拉何马州。

苏族战争（北部平原）

苏族不是一个单一的部落，而是同一语系的几个相关民族的总称。他们分为3个亚群：最东部的桑蒂达科他人、中部的扬克顿纳科塔人和最西部的蒂顿拉科塔人。拉科塔由7个分支组成：奥格拉拉、布吕莱、米尼科茹、汉克帕帕、西哈萨帕、乌赫努恩帕和伊塔齐普乔。与北夏延族结盟的拉科塔人控制着北部大平原，被统称为苏族战争中的五大冲突中有4次与他们有关。苏族与美军之间的5次主要冲突分别是1854—1856年的第一次苏族战争、1862年的达科他战争、1866—1868年的红云战争、1876年的大苏族战争和1890—1891年的鬼舞战争。

1854年8月发生的格拉顿大屠杀引发了第一次苏族战争。布吕莱分支的一名拉科塔战士杀掉了摩门教马车队的一头牛，在双方谈判失败，美方未能迫使"征服熊"（Conquering Bear）酋长将这名战士移交给当局后，中尉约翰·格拉顿试图用武力逮捕这名战士。当格拉顿命令他的部下用榴弹炮和步枪向拉科塔人的住所开火时，200名土著战士奋起反击，杀死了29名美军士兵。战争在突袭和反攻中持续，最终美军获得胜利。

与游牧的拉科塔人不同，达科他人是农民。1851年，他们与美国政府签订条约，割让了超过2400万英亩的土地以换取数额可观的土地赔偿金。近十年后，达科他人才发现他们被骗定居在两个小保留地，并且几乎没有得到任何经济补偿。处于饥饿边缘的达科他人于1862年8月发起叛乱。在"小乌鸦"（Little Crow）酋长的领导下，达科他人开始屠杀居住在明尼苏达河沿岸城镇和农场的白人定居者。9月，前州长亨利·黑斯廷斯·西布里率领一支由1500名民兵组成的军队对抗达科他人。在被俘的2000名达科他战士中，有100人被判处绞刑。在行刑前的最后一刻，亚伯拉罕·林肯总统对除38人以外的其他人宣布了减刑。

4年后的红云战争起因于博兹曼小道的修建。博兹曼小道是俄勒冈小道的一条支线，通往蒙大拿新发现的金矿。因为博兹曼小道穿过了拉科塔人在怀俄明州保德里弗地区的狩猎场，拉科塔人被激怒了。联邦政府正忙于建设第一条横贯大陆的铁路，联邦官员最终通过谈判达成了一项对拉

科塔人有利的条约。该条约的一个关键条款是，美军同意放弃博兹曼小道上的3个堡垒。

1874年，在穿越布莱克山的侦察任务中，队员们在该地区的溪流和河流中发现了黄金。尽管这片土地是大苏族保留地的一部分，但它还是吸引了大批矿工前来淘金。美国政府试图强迫拉科塔人出售布莱克山，但没有成功。拉科塔人已经为防御美军进攻的主要攻势做好了准备。

美国陆军在该地区的指挥官菲尔·谢里登少将设计了一场多管齐下的全方位战斗，以对抗在达科他、怀俄明和蒙大拿地区来回穿梭的非保留地拉科塔人和夏延人。1876年，3支部队在蒙大拿黄石河以南的拉科塔-夏延族据点会合，奉命进攻拉科塔人和夏延人的村庄，烧毁他们的食品仓库，摧毁他们的马群。

6月17日，拉科塔人在罗斯巴德克里克击败了乔治·克鲁克将军的军队，取得了重大胜利。6月末前，"坐牛"率领的拉科塔人又在小比格霍恩战役中战胜了乔治·卡斯特中校的第七骑兵团。在这场战役中卡斯特被杀，5个骑兵连全军覆没。战役结束后，拉科塔人和夏延人向东来到大苏族保留地。美军决心复仇，紧随其后。

进入达科他领地后，克鲁克的先锋部队在安森·米尔斯上尉的带领下，于9月9日黎明时分对米尼科茹分支发动了突然袭击。骑兵们冲进村庄，用连发柯尔特卡宾枪和手枪射击。当"美国马"（American Horse）酋长和他的战士们在洞穴前的一个掩体后作战时，克鲁克的主力部队阻断了附近营地前来支援的"坐牛"和"疯马"麾下的600名奥格拉拉和汉克帕帕追随者。这场战役最后以美军胜利告终。

1877年1月，美国第五步兵团指挥官纳尔逊·迈尔斯准将在狼山战役中袭击了一支苏族和夏延族联合部队。迈尔斯的部队占据防御位置，用后膛步枪击退了呐喊的士兵们的反复冲锋。同月，"坐牛"带领他的追随者来到加拿大。与此同时，"疯马"和900名拉科塔人于5月6日向保留地当局投降。4年后，"坐牛"带领他的人民回到美国，定居保留地。9月5日，在当局试图以扰乱治安为由逮捕"疯马"时，"疯马"被射杀。与此同时，美国政府开始有计划地将大苏族保留地分割成更小的保留地如立岩、夏延岭和松树岭等。美军在印第安人战争中最可耻的屠杀之一是松树岭保留地的伤膝河大屠杀，它发生在长达一个月的鬼舞战争期间。鬼舞起源于北方派尤特人部落，随后传播到大盆地和大平原部落。鬼舞的信徒们认为，终有一日白人会消失，美国土著将回归白人到来之前的生活。

1890年12月15日，在保留地警察试图逮捕"坐牛"时，"坐牛"被意外射杀。两周后，当第七骑兵团的士兵试图解除两个拉科塔鬼舞成员的武装时，双方爆发了一场血腥混战。在350名拉科塔战士、妇女和儿童中，150人死亡、51人受伤，相比之下，美方25名士兵死亡、39人受伤。伤膝河战役是苏族战争的最后一场战斗。

阿帕奇战争（西南）

生活在美国西南部干旱气候下的阿帕奇人是狡猾的突袭者。一个熟练的阿帕奇人拔箭的速度可以快到使8支箭同时在空中飞行。在计划突袭或伏击时，阿帕奇人会事先精心规划撤退路线。他们的一个特点是，在突袭中击中目标后，他们会分散到多个方向，以挫败敌人的追击，最后在一个预定的地点会合。

美国陆军与阿帕奇人在新墨西哥的战争断断续续持续了35年，起因是1861年的一个意外：一名过分热心的低级军官卷入了一场与奇里卡华阿帕奇酋长科奇斯的争端。一个农场主诬告科奇斯的战士们偷窃和绑架。当科奇斯与查尔斯·巴斯科姆中尉见面，向他解释是通托分支而不是奇里卡华分支犯下了这些罪行时，巴斯科姆试图逮捕他，但没有成功。

尽管科奇斯逃了出来，但巴斯科姆抓住了他的同伴。随着事态的升级，双方都处决了人质。巴斯科姆事件使美国政府意识到，需要找到一条通过连接得克萨斯州和加利福尼亚州的阿帕奇山口的关键走廊。为了控制这条路线，政府在山口旁边建造了鲍伊堡。此外，政府还开始将阿帕奇各分支转移到新墨西哥的各个保留地。卫生条件最差的保留地之一是位于希拉河沿岸贫瘠平原上的圣卡洛斯保留地。阿帕奇人发现在疾病肆虐的保留地生活令人无法忍受。

最著名的阿帕奇酋长是奇里卡华的杰罗尼莫。作为一个狡猾的战术家，杰罗尼莫3次从圣卡洛斯保留地逃脱。当美军试图镇压巫医纳凯多克利尼（他预言死去的战士会回来帮助阿帕奇人推翻白人压迫者）时，双方爆发战争。1881年8月29日，第六骑兵团在锡贝丘克里克抓获纳凯多克利尼后，阿帕奇人发动进攻，试图解救他。在战斗中，纳凯多克利尼被杀。

美国人在处理纳凯多克利尼问题上的失误激怒了杰罗尼莫，他带领74名勇士进入墨西哥的马德雷山脉。两年来，他们越过边境袭击美军，并总是全身而退。杰罗尼莫的队伍通过掠夺马车队来获得武器和弹药，通过掠夺牧场来获得马匹和食物。

1882年，在阿帕奇侦察兵的协助下，乔治·克鲁克将军率领一支探险队进入墨西哥，追捕杰罗尼莫。在与克鲁克的谈判中，杰罗尼莫同意投降，但在返回圣卡洛斯保留地的途中，他设

▲ 西奥多·罗斯福关于圣克莱尔战败文章中的插图

法逃脱了。这一尴尬事件导致克鲁克被解除职务。美军指派了5000人的部队给克鲁克的继任者纳尔逊·迈尔斯准将,授权他继续抓捕杰罗尼莫。1886年9月4日,这位阿帕奇酋长向迈尔斯投降。

内兹珀斯战争(西北)

在最终战胜拉科塔苏族人的同时,美军在与内兹珀斯部落瓦洛厄首领约瑟夫的几个月的对战中处于劣势,这是印第安人战争中最非凡的战役之一。

虽然内兹珀斯人最初在1855年通过的《沃拉沃拉条约》中获得了包括俄勒冈东部他们的家园在内的相当大的保留地,但是当他们的土地布莱克山发现金矿后,他们迎来了与拉科塔人一样的命运。1863年,在欺诈条件下达成的一项新条约将内兹珀斯保留地的面积缩小到了原来的十分之一。这个条约在内兹珀斯人内部造成了分裂。一些人遵守该条约,而另一些人不承认该条约。

陆军准将奥利弗·霍华德向反对该条约的内兹珀斯人发出最后通牒,要求他们迁居到爱达荷的拉普怀保留地,否则后果自负。1877年6月3日,内兹珀斯的5个反条约分支在爱达荷的托洛湖聚集。6月中旬,一些激进的内兹珀斯人在萨蒙河杀死了18名平民,这促使霍华德派出了骑兵。6月17日,内兹珀斯人击败了大卫·佩里上尉率领的130人的部队,其中包括十多名内兹珀斯侦察兵。

此后,约瑟夫酋长带领大约800名战士、妇女和儿童,沿着崎岖不平的爱达荷、怀俄明和蒙大拿领土向东跋涉了1630英里,在这107天的时间里,他们与试图击败他们的美军多个部队爆发了17次小规模冲突和战斗。

9月30日,试图投奔拉科塔酋长"坐牛"的内兹珀斯人在距离加拿大边境30英里处的熊掌山被纳尔逊·迈尔斯上校率领的600名步兵、骑兵和炮兵联合武装部队拦截。在10月5日的投降演说中,约瑟夫酋长谈到了他对战争的厌倦和看到他的人民被杀害的深切悲痛。他说:"从现在开始,我将永远不再战斗。"

为了感谢他们的仁慈(他们没有剥头皮)以及向他们老练的战术致敬,威廉·谢尔曼将军罕见地称赞了约瑟夫酋长和他的战士们。谢尔曼说,内兹珀斯人"表现出的勇气和技能值得广泛赞扬",他指出,他们在战斗行军中采用了复杂的战术,如前后方守卫、散兵线和野战工事。

结论

伤膝河大屠杀标志着保留地人民最后一次大规模抵抗运动的结束,在此之后,只发生了零星的小规模袭击。最后一次在1924年,阿帕奇人突袭亚利桑那州的白人牧场主。

印第安人战争中发生了许多鼓舞人心的勇敢故事，这些故事不仅受到美国土著的喜爱，也受到所有美国人的喜爱。美国土著的慰藉之一就是知道他们的祖先战斗到了最后，竭尽全力抵抗敌人压倒性的军事力量。印第安人战争双方的后代都认为他们是伟大的勇士。

大酋长们的死与印第安人战争的结束有着密切关系。他们那一代人逝去后，后人对政府管理的保留地之外的部落生活了解得越来越少。"疯马"和"坐牛"都觉得保留地的生活令人完全无法忍受，他们在被限制在保留地后不久就死了。然而，杰罗尼莫生活得很好，尽管他并不快乐。

1909年，作为俄克拉何马州锡尔堡的一名战俘，杰罗尼莫在临终前，对侄子倾诉了他的遗憾。"我不应该投降，"他说，"我应该战斗到最后一刻。"

▲ 北美科曼切印第安部落的一个团体与美国政府代表（其中一些代表是军方代表）商讨问题，19世纪

十大战役

在印第安人战争的最后几场战役中，配备连发步枪的美国陆军部队在与美国土著的较量中占有显著优势

拉什斯普林斯
1858年10月1日，厄尔·范·多恩上尉率领美国第二骑兵团的200名精锐无端突袭了位于科曼切县中心的一个科曼切人营地。士兵们在黎明时分发动进攻，屠杀了包括男女老少在内的所有科曼切人。在这次袭击中，科曼切人伤亡58人，美军骑兵损失20人。
1858 年

1858

奥多比沃尔斯
为惩戒科曼切突袭者，克里斯托夫·卡森上校率领472人袭击了他们在得克萨斯狭长地带的冬季营地。面对1200名土著勇士，卡森用榴弹炮驱散了敌人的屡次进攻。
1864 年

▲ 奥多比沃尔斯战场的场景

费特曼的战斗
1866年12月21日，奉命保护在博兹曼小道上建造卡尼堡的部队的威廉·费特曼上尉，中计追击由"疯马"率领的苏族骑兵突袭部队。苏族人包围并消灭了他的79名士兵。
1866 年

马车箱之战
1867年8月7日，在怀俄明领地的卡尼堡外，拉科塔人的一支强大军事力量袭击了美军的工程队。詹姆斯·鲍威尔上尉命令他的士兵用马车、圆木和沙袋建造了一个野战堡垒。在5个小时的激烈战斗中，配备了连发步枪的美军共造成敌人180人伤亡，而自己只损失了8人。
1867 年

海菲尔德战役
1867年8月1日，21名士兵和9名平民在蒙大拿博兹曼小道CF史密斯堡附近的干草地设置防线，使用后膛装弹的斯普林菲尔德1866型步枪在一场激烈的交火中击退了数百名拉科塔和夏延族战士。
1867 年

▲ 菲尔卡尼堡附近的马车箱之战现场

沃希托河

乔治·阿姆斯特朗·卡斯特中校的第七骑兵团袭击了印第安领地沃希托河上的一个南夏延人营地。6个在附近扎营的盟军部落联合反击卡斯特的骑兵团。卡斯特用53名俘虏做人肉盾牌，以便安然撤退。

1868 年

▲ 1868 年 11 月 27 日，美国第七骑兵团冲进布莱克·凯特尔的村庄

比格霍尔

1877 年 8 月 9 日至 10 日，美国士兵在向加拿大行军时袭击了内兹珀斯。蒙大拿领土内兹珀斯营地在黎明遭到袭击后，战士们发动了绝妙的后卫反击行动，压制了美军士兵的进攻。虽然内兹珀斯损失了89人，但他们杀死了29名美军士兵。

1877 年

大干滩之战

为报复美国土著的突袭行动，美军派出5个连的骑兵追击印第安酋长纳蒂奥蒂什率领的怀特山阿帕奇部落的60名勇士。1882 年 7 月 17 日，双方在切维隆峡谷的大干滩展开了一场激烈的战斗，阿帕奇人损失了三分之一的兵力，纳蒂奥蒂什阵亡。在美军骑兵的包抄下，土著勇士撤退了。

1882 年

比彻岛

一支苏族和夏延族联合部队包围了驻扎在科罗拉多境内一条河上的49名骑兵侦察兵。配备了斯潘塞七发连发步枪的侦察兵们撤退到一个沙岛上，在那里他们坚守了9天，终于等到援兵的到来。

1868 年

▲ 比彻岛战役后，一名士兵向受伤的战友伸出援助之手

罗斯巴德克里克

乔治·克鲁克将军的 1300 名士兵参与了对蒙大拿拉科塔人夏季营地的三线进攻。1876 年 6 月 17 日，克鲁克利用友善的克罗人和肖肖尼人侦察兵勘察敌情，及时占领了小溪上方的高地。随后他的部队受到拉科塔人和夏延人的猛烈攻击。在这场罕见的激战中，进攻者几乎击溃了克鲁克的部队。

1876 年

▲ 乔治·克鲁克将军

征服西部

探索铁路和带刺铁丝网如何将边疆变为美国的心脏地带

斯科特·里夫斯

1869年5月10日，利兰·斯坦福（Leland Stanford）拿起锤子，敲击在一颗5.5英寸[①]长的道钉上。虽然它只是数百万根用于建造第一条横贯北美大陆铁路的道钉中的一根，但毫无疑问，它是最特别的一根。这枚特殊的道钉由黄金制成，四面都刻有花纹，它标志着史上最长铁路的竣工。

斯坦福不是普通的铁路劳工，他是中央太平洋铁路公司的总裁和该公司富有的投资人之一。在竣工仪式上，一群摄影师和记者抓拍到了他挥舞银锤的精彩瞬间。银锤和金钉与电缆相连，以便全美各地的电报站都能听到每次锤击的咔嗒声。但不幸的是，线路突然失灵，熟练的操作员立即手动发送了铁路建成贯通的消息。无论如何，媒体的极大热情表明，金钉仪式不仅仅是十年血泪的终点，也是整个国家的重要时刻。

修建横贯美国东西海岸的铁路，这一想法早在1840年就出现了。而那之前不到20年，北美大陆的第一条铁路——一条长14.4千米、用来在宾夕法尼亚山区运煤的铁路——才开通。美国当时只有26个州，密歇根州刚刚加入联邦，国土最西部的是阿肯色州。19世纪50年代，华盛顿特区的政客们开始意识到跨州铁路的价值，他们派美国陆军测绘队前往尚未测绘的西部地区，试图找出修建铁路的最佳路线。测绘队发现了两条可行路线：一条是贯穿内布拉斯加和怀俄明的中部路线，另一条是穿越得克萨斯和新墨西哥的南部路线。

这条铁路建在哪里，哪里未来就有希望繁荣起来，这使得政界和商界人士都开始大力游说在自己的区域兴建铁路。内战的第一枪打破了这个僵局。当南方各州脱离联邦时，穿越南方领土修建铁路的可能性也随之而去，在中部地区修建铁路已毫无悬念。

尽管经历了内战的浩劫，国会还是在1862年通过了《太平洋铁路法》，并授权发行债券，

[①] 1英寸约为0.0254米。

耗时9年、全长3077千米的太平洋铁路竣工后，人们欢欣鼓舞

虽然修建太平洋铁路是一项宏伟的工程成就，但只靠它并不能征服西部。

为铁路建设筹集资金。为了修建这条铁路，两家公司应运而生。联合太平洋铁路公司负责从内布拉斯加奥马哈到犹他奥格登的线路，中央太平洋铁路公司负责从犹他奥格登到加州萨克拉门托的线路。富有的商人投资这两家公司，希望（最好是成功地）大赚一笔。铺设铁轨的费用取决于地形，平原的价格为每1.6千米16000美元，山区的价格为每1.6千米48000美元。除了得到这笔费用，铁路公司还获得了铁路沿线土地的所有权——他们总共得到的土地面积比得克萨斯州的面积还大。如果这两家公司能在3年内将土地卖给定居者，那么他们将可以保留这笔收入。

怀着对巨额利润的憧憬，中央太平洋铁路公司迫不及待地投入准备工作，铁路于1863年1月破土动工。物资首先必须绕过东海岸的霍恩角运往旧金山，然后再由明轮蒸汽船运往最终目的地萨克拉门托。从西向东修建铁路的中央太平洋铁路公司雇用了许多中国劳工。联合太平洋铁路公司起步较晚，直到1865年7月才开工铺设铁路。美国内战结束后，成千上万被遣散的士兵前往西部谋求稳定的工作和收入，西部劳动力短缺的问题因此得到了解决。

一旦两条线路都开工建设，它们之间的距离就会迅速缩小。小型测绘队会提前勘测，以确定铁路的准确路线——这是一项危险的工作，因为美国土著突击队会把陌生人当作目标，杀死他们后，留下尸体，以警告白人和他们的"铁马"。专业团队负责通过落基山和内华达山开凿隧道并在阻碍铁路修建的小溪和河流上修建桥梁，但大部分劳动力只负责技术含量相对较低的轨道铺设工作，这些工人根据铁路修建进度居住在周边的

▲ 金钉仪式标志着联合太平洋铁路公司和中央太平洋铁路公司修建的两段铁路终于接轨

临时城镇。除了铁路公司提供的宿舍和食堂外，一些商人很快就开起了酒馆、赌场和妓院，蛊惑劳工们花掉辛苦挣来的工资。这些流动的城镇声名狼藉，一位报纸编辑称它们为"地狱之轮"。

付出多年的努力和沉重的生命代价后（一些是铁路修建导致的死亡，一些是卫生条件差的城镇中流行的疾病导致的死亡），这两条铁路终于在犹他的普罗蒙特里峰接轨。金钉在这里被钉入枕木，象征铁路正式竣工。

虽然太平洋铁路的兴建是一项宏伟的工程成就，但只凭借这条铁路并不能征服西部。从密苏里州到加利福尼亚州的单线铁路使得东西海岸的交通更为便利，但其作用范围也仅限于这条狭长走廊。尽管如此，这条铁路还是为向西扩张奠定了坚实的基础。

大批小型铁路如雨后春笋般涌现，与太平洋铁路相连，形成了横跨西部的真正铁路网络：1870年8月，汉尼拔和圣约瑟夫、堪萨斯太平洋和丹佛太平洋铁路公司通过密苏里河上的汉尼拔大桥建成了第一条真正的跨海岸铁路；南太平洋铁路公司则最终完成了19世纪50年代曾经讨论过的南部铁路线路的修建。

铁路沿线的城镇发展成了当地最大的定居点。堪萨斯城充分利用了它铁路枢纽的地理位置优势；怀俄明州的夏延镇则是铁路建设者为了向途经的蒸汽火车提供燃料和水而兴建的众多城镇之一。

铁路工程师选择绕过的地区——通常是山脚下的古老矿业城镇，当年拓荒者们为寻找金矿或其他珍贵矿藏蜂拥而至——被孤立，与世隔绝。数百个这样的小城镇日渐衰落，在最后一个居民搬走后，变成鬼城。

然而，希望靠土地谋生的西部移民取代了矿工。铁路网络使西部突然间不再那么荒凉。它在大大降低国内运输货物成本的同时也降低了西部供应品的价格，使国内跨区域贸易更为便利。对

▲ 1868年，正在建设中的戴尔克里克大桥。由于火车经过时大幅摇晃，木制栈桥很快就被更换了

关于钱

让我们来认识一下让太平洋铁路成为现实的富有商人们

阿萨·惠特尼（Asa Whitney）

惠特尼是第一批提出修建太平洋铁路的人。他认为太平洋铁路将有助于中美贸易，力劝国会修建这条铁路。然而，他的计划似乎太过牵强，支持者较少，1851年，他放弃了努力。

西奥多·朱达（Theodore Judah）

作为在加利福尼亚工作的第一批铁路工程师，朱达确信穿越内华达山脉修建铁路是可行的。他对这个项目的热情为他赢得了许多共同投资人。然而，中央太平洋铁路公司仅铺设了100多米铁轨，他就去世了。

托马斯·杜兰特（Thomas Durant）

作为联合太平洋铁路公司的副总裁，杜兰特通过调整公司规则，控制了一半股权。他还操纵股票市场，通过买卖其他铁路公司的股票赚取巨额利润。他的作为为他招致了腐败和管理不善的恶名。

利兰·斯坦福

作为一名成功的商人，斯坦福是中央太平洋铁路的"四大"投资人之一，在太平洋铁路修建期间，他担任加利福尼亚州州长。1869年太平洋铁路通车后，他继续活跃在不同领域，在国会担任加州参议员，并创立了斯坦福大学。

那些想定居西部的移民来说，迁至新家园的旅程也轻松了许多。

1862年，《宅地法》向每户申领土地的西部移民赠予160英亩的公共土地——条件仅仅是他们必须同意在这块土地上居住5年，开垦土地，使其成为可耕地。1866年的一项修正案明确鼓励黑人向西迁移，并为这些在刚刚结束的内战中获得自由的奴隶提供工作和土地。然而，在踏上这条艰苦而又危险的西迁路线之前，移民们仍然必须先做好准备，他们需要长途跋涉，徒步或骑马穿越山道。

铁路的到来改变了这一切。1876年，从纽约出发的横贯大陆快车，83小时39分钟后就能抵达旧金山，行程时间缩短了数周。为了鼓励感兴趣的人到西部去旅行，铁路公司出版了旅游手册，并向乘客保证火车可以让他们更快捷、安全和舒适地旅行。

大约有4万户家庭凭借《宅地法》在西部定居，另外，许多人因铁路公司承诺退还他们的火车票价，而直接从铁路公司手中购买了铁路沿线土地。然而他们要去的中部地区，也就是以前在地图上被标记为美国大沙漠的地区，并不是宣传中的乌托邦。许多第一代分得土地的定居者发现，大平原的天气和气候——冬天的暴风雪、春天的龙卷风、夏天的干旱和秋天毁灭性的昆虫群——意味着庄稼歉收的风险很高。然而，虽然后来许多人没能坚持到最后而回到了东部，但是美国农场的数量仍在1860年至1905年增加了两倍，达到600万个。那些坚持到最后的往往是欧洲移民，尤其是德国人，他们是19世纪中期美国新移民中最大的种族群体。1860年至1890年，超过300万德国人在美国定居。

在西部，所有家庭成员都要在干旱的土地上辛勤耕种，妇女和儿童的重要性不亚于男性。借

▲ 多达3000人涌向犹他地区，见证太平洋铁路竣工的重要时刻

助麦考密克收割机和约翰迪尔钢铁犁，这些家庭用双手和马匹种植更适合干旱土壤的新品种小麦。为了减轻负担，乡村社区经常联合起来共同完成农业社会活动——为某个社区筹建谷仓，共同剥玉米，或一起缝制棉被。

分得土地的定居者还得到了格兰其农业保护

127

▲ 从西向东修建铁路的中央太平洋铁路公司雇用了许多中国劳工

者协会的支持。格兰其是奥利弗·凯利创建的全国性农民组织，旨在保护农民免受铁路公司在运输和储存粮食时收取过高费用。在1867年成立后的5年里，格兰其就拥有了20万名会员，3年后，它的会员数量又激增至858050人。组织内的会员经常联合采购，他们经常与富有同情心的芝加哥批发商阿龙·蒙哥马利·沃德合作。

如果说蒙哥马利·沃德供应的产品中有一种比其他产品更重要的话，那就是19世纪70年代彻底改变西部的一项新发明——带刺铁丝网。这个由伊利诺伊州的约瑟夫·格利登申请专利的简单发明，对西部土地产生了和铁路一样的巨大影响。

农场之所以需要铁丝网，是因为西部大部分地区都是开阔的原野，是牧场主可以免费放牧的公共土地。牧场主任由他们的牲畜四处游荡，只

在每年春天和秋天将它们重新聚集，为新出生的小牛打烙印，为生病的牲畜治疗，同时挑选出要出售的牲畜。数目庞大的牛群——有时多达3000多头——被赶往最近的铁路车站，以便通过火车运往东部的市场出售。驱赶牛群的旅程有时要持续两个月，在此期间牛群每天要被迫行进24千米。这种经营方式使牛仔在西部应运而生。这些骑马的放牧人驱使马匹将牧群聚集在一起，在通往铁路的漫长旅途中轮班工作，确保牧群一天24小时都受到监控。

然而，分得土地的定居者与牧场主和牛仔接触后很快发现，自由游荡的牧群和他们种植的农作物无法相安无事、和平共存，于是农民们开始用带刺铁丝网将自己的土地隔离，因为它在防止牛群啃噬庄稼上比光滑铁丝网或木制栅栏更有效。在越来越多的土地被申领后，拥有大片土

▲ 牛仔成了西部的代名词，但带刺铁丝网的使用令他们工作的开阔草原受到了约束

地的富有牧场主也开始使用带刺铁丝网栅栏将自己的土地隔离，以便把最好的草场留给自己的牧群，有时他们甚至会阻断道路或拒绝分享水源。使用新型带刺铁丝网围栏的一个典型牧场主代表是威廉·戴。1880年，威廉在得克萨斯着手修建了一个隔离面积达40000英亩的大型围栏，很多小牧场主因自己的牧场被围在当中而强烈反对。

在定居者适应新的生活方式后，带刺铁丝网给土地面貌和社会文化带来的重大变革，在西部地区引发了小规模冲突。因小牧场主无法通过法律手段阻止大型养牛公司攫取大片土地，"拆除围栏战争"（Fence Cutting Wars）爆发。依赖于开阔牧场的小牧场主觉得大牧场挪用了公共土地，因此开始破坏大牧场的围栏，围栏破坏者和牧场守卫者之间不时发生枪战。合法和非法的围栏都成为"蓝色恶魔""野猪""土地联盟""猫头鹰"等围栏破坏团伙的目标，但是他们最终没能阻止大牧场主用带刺铁丝网围栏划定牧场范围，因为大牧场主可以通过游说获得更多保护，并令被捕的破坏者受到更严厉的处罚。

1886年至1887年冬天，小牧场主损失了数十万头牛。北部大平原早于往年突降暴风雪，漫游的牛群本能地向南迁移到得克萨斯。那里的大牧场主担心这片草场无法满足这么多牲畜的需求，于是用带刺铁丝网挡住了新来的牛群，以确保他们自己的牲畜不会饿死。大量牲畜聚集在围栏旁，随着冬季的到来，它们成群死去。规模较小的牧场破产，被迫将剩余的牲畜卖给大牧场主。

由于带刺铁丝网围栏切断了野牛在大平原上的迁徙路线，再加上狩猎的猛增——猎人常

▲ 牧场主可以在西部开阔的草原放牧,但这种放牧方式已经进入倒计时

常坐在舒适的火车车厢里——野牛从1840年的3500万头骤减到19世纪和20世纪之交的濒临灭绝。联邦政府将依靠野牛生存的美国土著驱逐到保留地,为定居者夺取土著土地打开了方便之门。截至19世纪90年代,即西部使用第一道带刺铁丝围栏20年后,牛仔时代落下帷幕。开阔的草原被围栏隔开,少数富有的牧场主和公司垄断了牧群,牧群被限定在远离农田的道路上行进。

19世纪中叶,在加利福尼亚发现黄金后淘金者蜂拥而至。那时,为了到达加利福尼亚,淘金者必须经历一段艰苦的旅程,沿危险的小道穿越印第安人的领地和开阔的草原,耗时数周甚至数月。50年后,对于想在西海岸安家的移民来

最后的障碍

为什么3年来横贯大陆铁路一直没能贯通东西部交通?

在其建成的前3年里,横贯大陆铁路实际上名不副实——它仅仅勉强贯通了美国国土的一半。问题出在密苏里河上。联合太平洋铁路公司从河西岸的奥马哈开始修建铁路,但现有的东线铁路网络在河对岸的康瑟尔布拉夫斯就中止了。多达7条东线铁路在这里等待中转,连接到联合太平洋铁路,但是要到达新铁路,人们必须横跨密苏里河——夏天用渡轮,冬天结冰时用雪橇。不到1.7千米宽的河流将东西部铁路阻断了。

直到1869年,一座横跨湍急河水的大桥才姗姗来迟,破土动工。500名工人将11根铁柱沉入河中承重,桥面由11个桁架分担负荷,分担负载。同年,金制道钉被钉入枕木,象征横贯大陆铁路全线竣工。1872年,东部与西部铁路网络通过这座桥实现了无缝衔接。横贯大陆的铁路终于真正完工了。

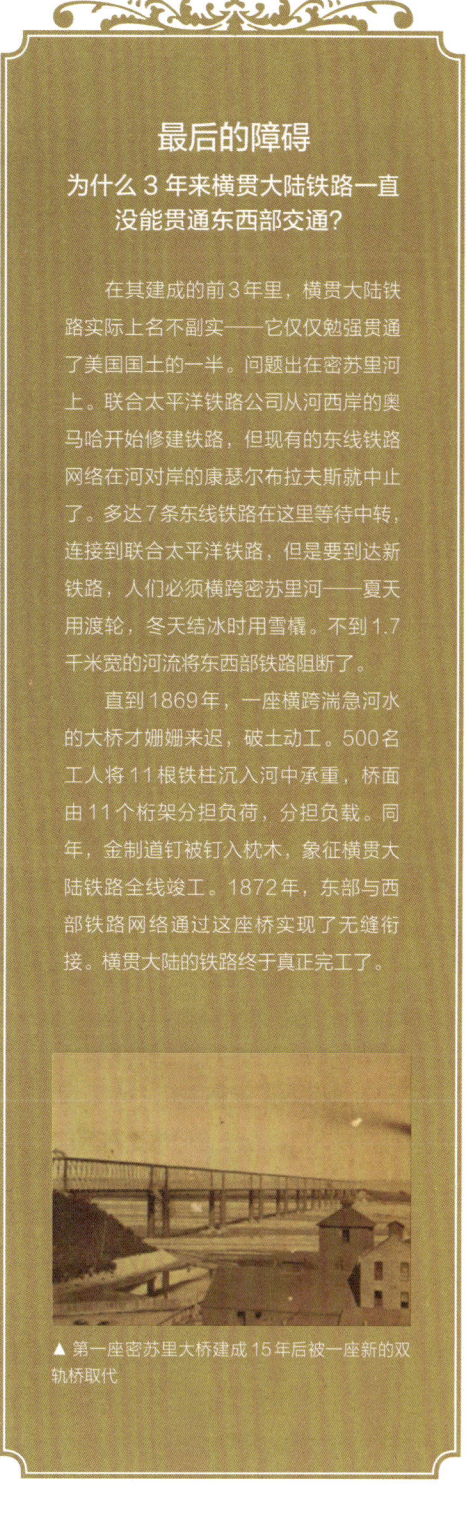
▲ 第一座密苏里大桥建成15年后被一座新的双轨桥取代

说,这段旅程轻松了许多。他们可以乘坐舒适安全的铁路交通工具,通过窗户欣赏沿途快速发展的城镇和精细划分的耕地或牧场。能如此迅速地征服西部并使其实现工业化,很大程度上要归功于19世纪的两项重要发明:一是铁路,它使西部向更多的移民开放;二是带刺铁丝网,它使移民能够安全拥有西部的小块土地。

追捕比利小子

这个蛮荒西部标志性的故事从150年前诞生起就一直扑朔迷离。
传奇执法者帕特里克·加勒特的追捕过程究竟是怎样的呢?

本·比格斯

截至19世纪末,制图师们已经绘制了世界大部分区域的地图,人们对地理知识的了解已经接近今天的认知。在独立后的几十年里,羽翼未丰的美国饱受内战和目无法纪之暴行的折磨。然而,年轻的美国也收获了大片领土。它从法国国王拿破仑·波拿巴手中以仅1500万美元的价格购得了整个路易斯安那地区。边境争端和战争随之而来,但这并没有阻碍美国从大平原向黄金之州(加州)海岸扩张的进程。

美国国土向西扩张得太快,人口定居的速度不及其万一,白宫立法者们想要将西部置于政府控制之下更是望尘莫及。那时的西部是真正的边疆,那里的人们像那里无情的气候一样凶猛狂热,弱者在那里根本没有立足之地。这场严酷的考验成就了两个人,亡命之徒比利小子和警长帕特里克·弗洛伊德·加勒特——他们各自的传奇故事引发了几代人的共鸣,但是最终造就这两个传奇人物的是加勒特的不懈追捕和比利小子的最终死亡。

好莱坞一直都赋予着这个时代极其浪漫的色彩,所以电影中所展现的警长、不法之徒、酒吧老板、定居者、墨西哥人和牛仔等人的刻板印象不可全信,非黑即白的道德观更是远离事实真相。我们要揭开浪漫主义的面纱去审视1880年年底的新墨西哥,那时加勒特刚刚被任命为林肯县警长。

财政部聘用侦探阿扎赖亚·怀尔德追查林肯县流通的3万美元假钞来源。加勒特身高6英尺3英寸,身材精瘦,仪表堂堂,以神枪闻名天下。这一切使他成为侦探助手的最佳人选。加勒特雇用了另一个人——巴尼·梅森——来诱骗两名涉嫌发行假币的嫌疑人:牧场老板丹·戴德里克和W. H. 韦斯特。梅森截获韦斯特的一封信,获悉了他们的意图:他们计划在一名代理人的协助下,通过快速购买家牛来洗黑钱,一旦他们的诡计被识破,那名代理人将神不知鬼不觉地成为替罪羊。截获这一消息使加勒特在对弈中处于上风,他派梅森前往白橡树牧场伴装替罪羊,参与

01 真还是假?
他在林肯县无人不晓

这两个人的邪恶计划。

在新墨西哥的寒冷冬天,梅森骑马来到戴德里克家。在那里,他遇到了3个正在躲避当局追捕的枪手:越狱时杀死拉斯维加斯一名狱卒的戴夫·鲁达博、在逃杀人犯比利·威尔逊和臭名昭著、恶贯满盈的杀手比利小子。比利小子已经成功越狱一次,此刻以偷牛和赌博为生,身边聚集了一群臭味相投的歹徒。在那个时代,执法者和通缉犯可能前一天还在篝火晚会促膝长谈,第二天就生死相搏。比利小子和加勒特(经营自己的酒吧)曾一起赌博,梅森和这3个人也有交情——事实上,梅森和他们关系很好。因此,梅森到达后,双方先是寒暄了一番,然后开始斗智斗勇,打心理战。比利小子想套出梅森来访的意图(他怀疑梅森想确定他的行踪并向警长汇报),梅森则转移话题,说他来这里是要买一些马匹。比利小子察觉到事情不妙,想要杀掉梅森,于是与戴德里克及他的同伙见面商议,但是戴德里克

担心这样做会破坏他的洗钱计划,比利小子只能暂时放过梅森。

白橡树镇的居民对比利小子就在附近潜伏的消息感到不安,他们成立了一支追捕比利小子的武装队。在这种情况下,梅森无法不引起任何怀疑地完成任务,所以他躲避了几天后回到加勒特在罗斯韦尔的住处报告。不久之后,加勒特收到一封来自罗斯韦尔监狱狱长的信,信中详细描述了比利小子和其同伙在该地区的犯罪活动。加勒特被任命为联邦法警并被授予缉拿亨利·麦卡蒂,又名威廉·H.邦尼和"比利小子"的逮捕令,逮捕罪名是谋杀。搜捕开始了,比利小子剩下的日子屈指可数。1880年11月27日,历史上最著名的蛮荒西部大剧拉开了帷幕。

这位新任联邦法警此刻已经声名远扬,足以让普通罪犯对他望而生畏。但他并没有掉以轻心,比利小子是一个名副其实的亡命徒,他在林肯县的复仇杀戮中初露锋芒,此刻他更可能会拼尽全力放手一搏,而不是缴械投降。加勒特在罗斯韦尔召集了十几个人,前往萨姆纳堡寻找逃

02 真还是假?
他在与加勒特的交火中幸存下来

▲ 射杀比利小子使加勒特作为执法者和枪手声名鹊起

03 真还是假？
他是左撇子

犯的踪迹。他们在沙漠灌木丛和杂草丛生的小道上行进了数英里，旅途异常艰难且风波不断，例如，一个名叫汤姆·福利亚尔的小子在队伍遭遇袭击时逃跑了。追捕队在洛波塔利斯所谓的"藏身之处"——一个有淡水泉的悬崖上的洞——只发现了几头牛，他们无奈只得返回萨姆纳堡，在那里被加勒特遣散回家。这不是加勒特希望的一决胜负，但他不会放弃。

接下来的几天里，加勒特和梅森在开枪打伤了一个名叫马里亚诺·莱瓦的重犯后遭遇了罗梅罗警长和他带领前往卢纳港的墨西哥人武装队，

加勒特向他们解释来龙去脉，避免被他们误以枪击罪逮捕。在那之后，他得知另一支队伍——由潘汉德尔牧场主（比利小子偷过他的牛）委托的代理人率领——也在追捕比利小子。钢铁般的意志、稳健的手腕、敏锐的智慧和无可置疑的运气，最终令加勒特得偿所愿。

加勒特在前西班牙殖民地新墨西哥的拉斯维加斯会见了潘汉德尔牧场主的代理人弗兰克·斯图尔特。加勒特和梅森于12月14日出发追赶斯图尔特的队伍，会面时加勒特提醒斯图尔特：一些人对与比利小子和他的团伙交锋犹豫不决。然

蛮荒西部的犯罪数据

时世艰难,但当时美国西部的犯罪率远没有现在这么高

3 人

亚利桑那汤姆斯通年罪案死亡人数的最高值发生在1881年,与著名的怀亚特·厄普 OK 牧场枪战同年

500 万—1000 万美元

以现在的价格折算的驿站马车运送货物的最高价值——通常运送的是金条

6 起

15 个州 1859 年至 1900 年的银行抢劫案数量。那时银行不多,也没有汽车,抢劫后想逃脱比现在困难得多

45 起

堪萨斯州 5 个城镇 1870 年至 1985 年的谋杀案数量,年均谋杀犯案率低于现在

28 次

加利福尼亚州不法之徒布莱克·巴特抢劫公共马车的次数,他一年可获利几千美元

而,斯图尔特并没有责备那些持保留意见的人。他对他们说:"小伙子们,我们没有时间犹豫,你们自己决定吧。跟我去的人,请立刻做好准备。我不需要犹豫不决的人。"最后,6 个人加入了斯图尔特、梅森和加勒特的队伍。

出发前,加勒特派出了一个值得信赖的间谍乔斯·罗伊瓦尔。他不知疲倦地骑马来到萨姆纳堡寻找比利小子并巧妙地完成了任务。他向加勒特报告,比利小子就在萨姆纳堡,他也在寻找加勒特和梅森,并准备伏击他们。但比利小子不知道加勒特还有同盟。

加勒特的武装队来到城镇东侧的一座旧医院大楼,等待亡命徒归来。比利小子比预期回来得早。虽然晚上灯光昏暗,但由于地上覆盖着一层薄薄的白雪,外面仍然很亮。尽管如此,加勒特和他的同伴们还是占据了大楼周围的有利地势。亡命徒福利亚尔和皮克特骑着马走在前面,最先受到了武装队 6 名枪手的袭击,福利亚尔首先被击毙,但子弹出自谁手至今仍未可知。加勒特瞄准但没有打中皮克特,皮克特转身和比利小子、鲍德雷、威尔逊、鲁达博——一个驿站马车劫匪,比利小子唯一承认害怕的人——一起向牧场撤退。

加勒特重新集结队伍,准备追击剩下的 5

这位新任联邦法警此刻已经声名远扬,足以让普通罪犯对他望而生畏。但他并没有掉以轻心,比利小子是一个名副其实的亡命徒,他在林肯县的复仇杀戮中初露锋芒,此刻他更可能会拼尽全力放手一搏,而不是缴械投降。

火力对决

对于枪战、对决、士兵和平民来说,下面这些都是能赢得西部的武器。比利小子和加勒特都需要确保他们的武器是最好的

加勒特的夏普斯步枪
美国,1850—1881年
设计者:克里斯蒂安·夏普斯
制造商:夏普斯步枪制造公司
生产数量:120000+
有效射程:460米
重量:4.3千克
口径:点52
供弹系统:单发
作用机制:落下式闭锁,后膛装弹发射
优点:通用
缺点:浪费,贵
普遍用途:军事,狩猎,体育

加勒特的科尔特"拓荒者"
美国,1878—1907年
设计者:威廉·梅森
制造商:科尔特枪械专利制造公司
生产数量:51210
枪口初速:253米/秒
重量:1048克
口径:点44-40 温切斯特
供弹系统:旋转弹膛
作用机制:双动式旋转发射
优点:弹药可与来复枪互换,制动能力强
缺点:没有
普遍用途:民用,警用

04 真还是假?
他杀了21个人,每一个对应他生命中的一年

人。他从一个可靠的当地人那里得知,亡命徒们躲在臭泉附近一所废弃的房子里。那是一片干燥的无人区,浑水汩汩地流进洼地的一个水池,因此得名臭泉。天亮前几个小时,武装队骑马出发赶往臭泉,事实证明他们的消息是正确的:屋外的橡木上拴着几匹马。比利小子一伙处于死角,并且没有觉察敌人靠近,所以加勒特有出其不意发起进攻的优势。他命令武装队分散开,包围小屋,在黑暗中伺机进攻。

天亮后,一名歹徒从屋子唯一的出口出来。在微亮的光线下,他看起来身材高大魁梧,最重要的是,他戴着比利小子特有的斯泰森毡帽。加勒特知道比利小子不会轻易投降,因此,他向武装队打了个手势,示意向那个人开枪。查利·鲍德雷中了致命一枪,跌跌撞撞逃回小屋,但他立刻被比利小子推了出去。比利小子对他说:"查利,他们杀你,你要报仇,在死之前干掉那些

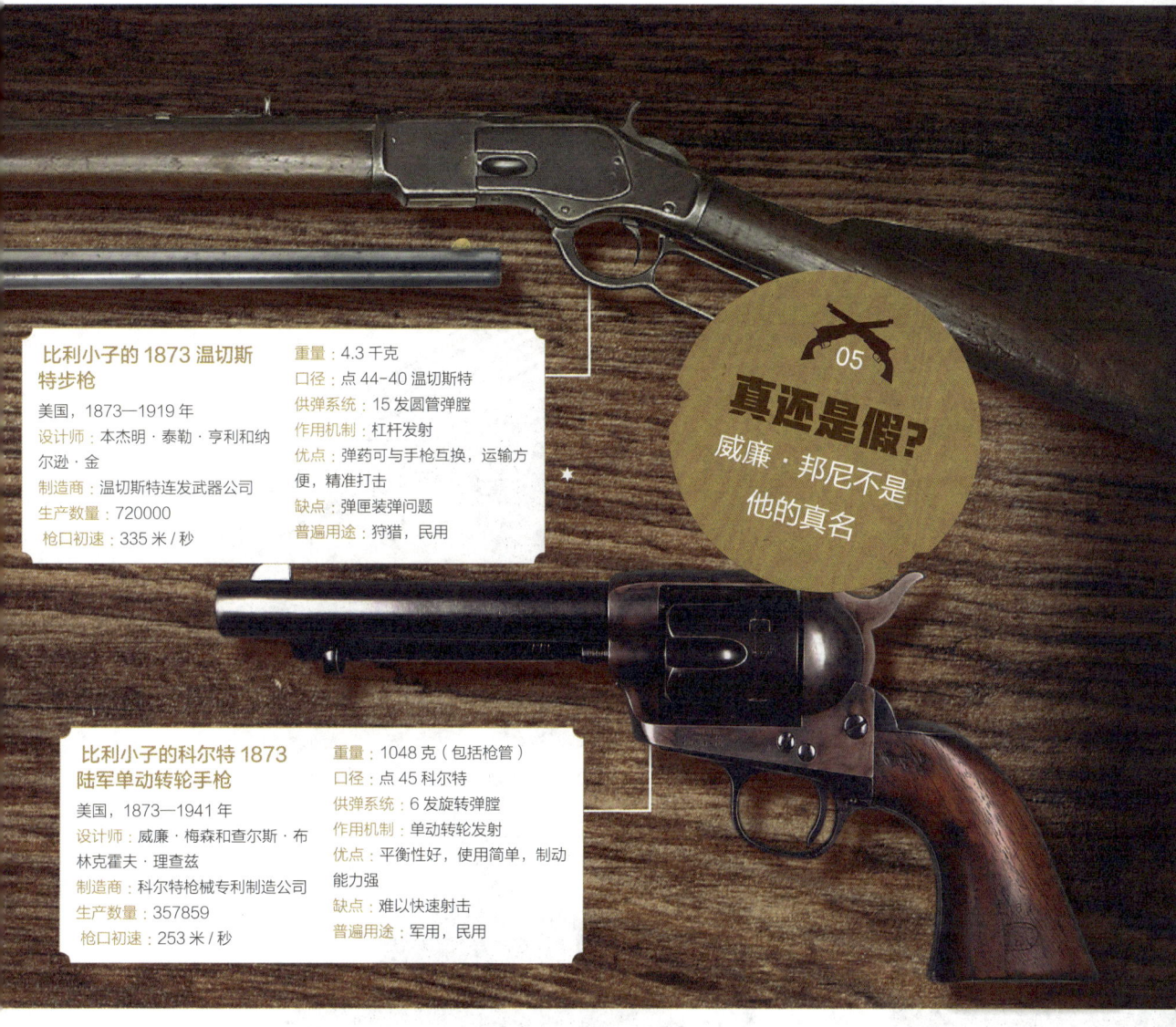

比利小子的 1873 温切斯特步枪
美国，1873—1919 年
设计师：本杰明·泰勒·亨利和纳尔逊·金
制造商：温切斯特连发武器公司
生产数量：720000
枪口初速：335 米/秒
重量：4.3 千克
口径：点 44-40 温切斯特
供弹系统：15 发圆管弹膛
作用机制：杠杆发射
优点：弹药可与手枪互换，运输方便，精准打击
缺点：弹匣装弹问题
普遍用途：狩猎，民用

05 真还是假？
威廉·邦尼不是他的真名

比利小子的科尔特 1873 陆军单动转轮手枪
美国，1873—1941 年
设计师：威廉·梅森和查尔斯·布林克霍夫·理查兹
制造商：科尔特枪械专利制造公司
生产数量：357859
枪口初速：253 米/秒
重量：1048 克（包括枪管）
口径：点 45 科尔特
供弹系统：6 发旋转弹膛
作用机制：单动转轮发射
优点：平衡性好，使用简单，制动能力强
缺点：难以快速射击
普遍用途：军用，民用

人。"鲍德雷踉跄着向武装队走去，还没来得及拔出手枪，就倒了下去。

加勒特的计划暴露了，但比利小子的团伙现在只剩 4 人，他们唯一的出口已被封锁。为了使形势更为有利，加勒特先是射杀了 3 匹马中的 1 匹，以挡住部分出口，然后又射中绑住另外两匹马的缰绳，让马跑掉。这位联邦法警觉得此刻他已有了谈判的筹码，于是他喊道："你在里面怎么样，小子？"

"非常好，"里面回答说，"但我们没有木头生火做早餐了。"

"出来找找吧。要合群。"

"不行，帕特。我有要事在身，没时间到处跑。"

加勒特突然想到一个主意。他的部下在黎明前出发追捕，又在严寒中埋伏等待，同样饿坏了，于是他派人到威尔科克斯的牧场取了一些粮食。几个小时后，他们生起火来，烤肉的香味一点点削弱了歹徒们的斗志。最后，鲁达博将一块肮脏的手帕从窗户伸出来以示投降。4 名歹徒迫切地离开小屋，奔向让他们失去自由的食物。

加勒特抓到了比利小子，但他狡猾得像条鳗

06 真还是假?
他能说流利的西班牙语

▲ 加勒特(左)、林肯县警长詹姆斯·布伦特和约翰·波

专家问答

罗伯特·斯塔尔

罗伯特是一名历史学家,亚利桑那州立大学的名誉教授,也是"比利小子不法团伙"研究协会的成员。这是一个非营利性组织,旨在保存有关比利小子的历史真相,并促进人们对这段历史的了解。

一些"比利小子"幸存下来的故事与他已死的报道相悖。你认为这些故事为什么能流传至今?

第一,接受比利小子活下来的说法的很多人都没有读过严肃历史学家撰写的相关历史,所以他们很容易被"比利小子没有死"的有趣故事所感染。第二,许多人无法接受加勒特和比利小子在彼得·马克斯韦尔的卧室同时出现的巧合,另外他们觉得比利小子如此聪明,拔枪如此之快,不可能就这样在黑暗中莫名被杀。第三,许多纪录片——甚至包括那些专业历史学家参与制作的纪录片——都提到了比利小子没有被杀的谣言,这令人觉得似乎这些谣言有可信之处。

加勒特有没有可能在黑暗的房间里杀错了人?

整个村子有50多人在比利小子死的那天早上见过一次或不只一次他的尸体。尸体由当地妇女清理并整理衣冠,然后于当天上午放在酒馆里示众。之后,尸体被带回彼得·马克斯韦尔的卧室并放在了他倒地的地方或那附近。没有一个在场的人说过那不是比利小子。事实上,有些人在比利小子死了50多年后,还坚持他们看到了比利小子的尸体。此外,6个熟悉比利小子的人在验尸陪审团作证,发誓那就是比利小子。因此,足够多的可信目击者证明加勒特在那间黑屋子里没有杀错人。

你一直在新墨西哥州最高法院寻求为一个叫"比利小子"的人开立1881年7月15日的死亡证明。为什么他死的时候没有开立证明?法院时至今日还没有开出死亡证明的原因又是什么?

我的同事南希·斯塔尔、玛丽莲·斯塔尔·费希尔博士和我一起寻求为比利小子开立死亡证明。我们一直坚持死亡证明应该写明比利小子的实际死亡日期是1881年7月15日,而不是过去所认为的7月14日。

▲ 威廉·亨利·罗伯茨在比利小子死后自称是比利小子

19世纪,旧西部乡村地区的验尸报告向来没有说明死亡时间或日期的惯例。此外,我还发现19世纪新墨西哥州发生过的所有暴力死亡事件,事后都没有开立死亡证明。最高法院虽然不能直接开立死亡证明,但它可以命令州政府相关部门履行职责开立死亡证明。在经过几个月的努力仍无法让医疗调查员办公室采取行动后,我们只好找到最高法院。医疗调查员办公室拒绝履行他们的法定职责,拒不回应我们的请求,在新墨西哥州,除了最高法院,我们无法通过其他法律途径解决问题。我们向最高法院提供了可信和实质性的书面证据,希望他们能够采取有利于我们的行动,但最高法院尚未向新墨西哥州医疗调查员办公室发出让他们采取行动的法院指令。我们相信,最高法院和新墨西哥州医疗调查员办公室认为我们只是在做秀,而不是坚定地想要纠正历史记录中的错误。

"比利小子不法团伙"研究协会力求保存比利小子的历史真相,并促进人们对这段历史的了解。关于这段历史你有想要粉碎的谣言吗?

我想要澄清有关他在4月28日逃离林肯县监狱过程中的一些谣言。例如,他在厕所拿到手枪和他一直想要干掉鲍勃·奥林杰。另一个需要澄清的谣言是加勒特没有杀死真正的比利小子。事实恰恰相反,在1881年之后的30多年里,任何一家新墨西哥州的报纸都没有再刊登过比利小子还活着的消息,甚至连一点谣言都没有。1908年加勒特去世的时候,举国上下都公认他是击毙比利小子的英雄。如果人们有任何疑问,他们不会如此确信。

鱼。这伙恶徒在拉斯维加斯一群暴民的私刑中幸存下来后，比利小子因谋杀"鹿弹"安德鲁·罗伯茨在梅西亚接受审判。1881年3月，比利小子被判无罪。但是谋杀警长威廉·布雷迪的罪名很快被判成立，5周后的5月13日他将被处以绞刑。因为林肯县没有监狱，比利小子被关押在一个改装后的两层仓库里，由副警长贝尔和奥林杰看管。比利小子抓住稍纵即逝的机会，从懒洋洋的看守那里偷走了手枪，杀死狱警，成功逃离了监狱。

当加勒特意识到对比利小子的监禁措施不够严密时，他痛苦地回到萨姆纳堡，这时，比利小子已经逃走，线索又一次消失。在接下来的两个半月里，加勒特一直在徒劳无功地搜寻比利小子，直到新墨西哥炎热的夏天，他才迎来了与逃犯的最后一次对决。

7月初，在弗兰克·斯图尔特的继任者约翰·波和他的副手托马斯·麦金尼的陪同下，加勒特根据传闻和直觉，调整了路线，赶往萨姆纳堡以北几英里处的彼得·马克斯韦尔家。在一排破旧的建筑附近，他们听到一个

比利小子是怎么死的？
帕特里克·加勒特击毙比利小子的详细记录

1881年7月14日 23：55
比利小子住在彼得·马克斯韦尔的一所破旧房子里，他感到饥饿，于是拿起一把刀，向马克斯韦尔家走去，打算给自己切点牛肉。

1881年7月15日 00：00
加勒特来到马克斯韦尔家，去卧室找他询问比利小子的下落。他坐在靠近马克斯韦尔枕头的椅子上。

00：04
加勒特的同伴当时正在屋外，比利小子经过他们时，他们没有认出他，因为他们不知道他的长相，而且他在和附近的墨西哥人用流利的西班牙语交谈。

07 真还是假？
比利小子和加勒特是朋友

戴着宽边帽的瘦子正用西班牙语和一些墨西哥人说话。那正是他们要找的人，但他们从远处都没能认出他。另一边，比利小子也没能认出加勒特他们。他从墙头滑下来，若无其事地向马克斯韦尔家走去。在臭泉僵持战和比利小子戏剧性的越狱之后，他的死似乎有点虎头蛇尾：7月15日午夜刚过，比利

00:05
比利小子走进屋里。他光着脚，没有戴他标志性的帽子。屋里很黑，所以加勒特没有认出他。当马克斯韦尔低声说出他的身份时，加勒特僵住了。

00:05:05
当比利小子走近马克斯韦尔时，他发现椅子上还有一个人影。几乎在加勒特拔枪的同时，比利小子也拔出了他的左轮手枪，并问道："谁？"

00:05:06
霎时间，加勒特扣动了扳机，并扑倒在地准备再开一枪，但他已经击中了目标。比利小子摔倒在地，气绝身亡。

小子来到彼得·马克斯韦尔家，想拿些牛肉做晚餐。当时，加勒特正在彼得昏暗的卧室里询问他比利小子的下落。在彼得小声告诉加勒特来人就是比利小子后，加勒特毫不犹豫开了两枪，打中比利小子的左胸，将他击毙。虽然审讯判定加勒特的行为合法，但他还是被解除了联邦法警的职务。审讯结束后不久，加勒特就写下回忆录，简短地描述了昏暗房间中的最后一幕。他们之间没有经典的决一死战，甚至在最后一刻到来前两人都不知道对方的存在。比利小子说的最后一句话，似乎也表明他甚至不知道是谁送他见的上帝。

在加勒特追捕行动一无所获的漫长岁月里，比利小子恶名远扬。桀骜不驯的年轻枪手和长腿执法者之间的博弈逐渐演变为传奇，赢得了无数作家和好莱坞电影制片人的青睐。

答案

01. 假
在1881年4月从林肯县监狱逃脱之前，他只是一个无名小卒，直到1926年《比利小子传奇》出版后，关于他的传说才真正流行起来。

02. 假
包括加勒特本人在内的几个目击者都证实了比利小子那天的死亡。

03. 假
唯一一张经证实的他的照片被翻转过来了，因此他的来复枪所显示的方向是错的。

04. 假
据说，比利小子共杀害了9人，其中5人死于枪战。

05. 真
实际上，比利小子出生时叫亨利·麦卡蒂，邦尼只是另一个化名。

06. 真
在前西班牙殖民地墨西哥独立后的前几年里，西班牙语和英语一样普遍。

07. 假
虽然他们在加勒特被委派追捕任务之前就认识并且对对方没有敌意，但他们不是朋友。

怀亚特·厄普的蛮荒西部

怀亚特·厄普自己和家人的生命都受到一伙不法之徒的威胁。
他擅用私刑，组建了一支武装队追捕歹徒，
最后自己也成了被追捕的逃犯

罗伯特·琼斯

四声枪响打破了亚利桑那汤姆斯通干燥且尘土飞扬的夜晚的宁静。一名男子在从市中心的水晶宫酒吧返回大都会酒店的路上突然中枪。三发双筒霰弹射中了他，他感到背部和手臂被剧痛点燃。他倒向水晶宫酒吧的外墙，子弹接连扫射墙壁，打碎了窗玻璃。在极度痛苦中，这名男子起身踉跄着奔向大都会酒店，边跑鲜血边从他身上滴落到干裂的地面上。他用尽最后一丝力气，走到了酒店门口，在那儿倒了下去——不一会儿，他眼前便漆黑一片。此时，暗杀者们已从街对面一座尚未完工的建筑上层悄悄溜进了夜色中。

第二天早上，也就是1881年12月29日，汤姆斯通的副警长怀亚特·厄普发出一封电报，上面写道："弗吉尔·厄普昨晚遭遇暗杀，生命垂危。地方当局没有采取任何行动，其他公民生命正受到威胁。请电报授予我任命副手的权力。怀亚特·厄普。"

几个星期以来，怀亚特、他的兄弟和他们的朋友因为在OK牧场枪战中击毙了几个臭名昭著的歹徒而频繁受到死亡威胁。哥哥弗吉尔的危急状况让怀亚特确信，他身边的所有人都已成为不法之徒的谋杀目标。不幸的是，虽然怀亚特知道谁该对此事负责，但是他却无能为力。他认为汤姆斯通警长约翰尼·贝汉的好朋友"卷毛比尔"威廉·布罗修斯是暗杀他哥哥的主谋，但贝汉向来与厄普一家为敌，恐怕不会秉公处理。

高大、面色苍白、神情严肃的怀亚特越级向联邦法警克劳利·戴克汇报，因为他有授权怀亚特组建队伍、缉拿凶手的权力。问题是戴克是否会授权给他，且如果会的话，命令什么时候能下

▲ 1883年6月，从左到右：站着的W. H. 哈里斯、卢克·肖特、巴特·马斯特森和坐着的查利·巴西特、怀亚特·厄普、弗兰克·麦克莱恩和尼尔·布朗

达到汤姆斯通。由于暗杀者仍然在逃，厄普夫妇和他们朋友的生命安全都受到严重的威胁。怀亚特很幸运，他很快就收到了回信。在信中，戴克正式授予他任命副手的权力，并允许他自行决定如何追捕凶手。

在大都会酒店里，乔治·古德费洛医生向大家宣布，虽然弗吉尔的左臂将终身残废，但他已脱离生命危险。当弗吉尔终于从昏迷中醒来，得知他的手臂已经残废时，他表现出厄普家族式的勇气，他对妻子阿莉说："没关系，我还有一只手臂可以拥抱你。"

哥哥得以幸存，让怀亚特松了一口气，但对暗杀者的仇恨开始占据怀亚特的心，除了复仇，他心无旁骛。怀亚特知道谁能帮他复仇：他的旧相识霍利迪医生和他的另一个兄弟沃伦·厄普。但是想要复仇成功，他需要更加专业的人士帮忙。因此，有能力的硬汉谢尔曼·麦克马斯特和"火鸡溪"杰克·约翰逊成为他结盟的首选。这两个人的搭档分别是"兔唇查理"查尔斯·史密斯和"得克萨斯杰克"约翰·弗米利恩，他们都有着曲折的过去和丰富的战斗经验。

怀亚特从枪套里抽出他的点44斯科菲尔德史密斯威森左轮手枪，瞄准史迪威的脑袋开了一枪。

弗吉尔中枪后的3个月风平浪静，而怀亚特一直在忙碌。1882年3月18日，当他的哥哥弗吉尔能从病床上下来蹒跚踱步时，怀亚特已在汤姆斯通成功召集了他的武装队。对怀亚特来说，一切似乎都进行得很顺利。只要确保哥哥安全离开亚利桑那，他的复仇行动就可以开始了。然而，他的计划被打乱了。就在弗吉尔重新下床行走的那天晚上，他的另一个哥哥摩根在汤姆斯通的坎贝尔哈奇台球厅遭到袭击。杀手通过窗户射中了他，子弹打碎了他的脊椎，将他击倒在台球桌上。当怀亚特匆忙赶到台球厅时，他被告知哥哥因失血过多而死。这些歹徒打伤了他的一个哥

厄普的复仇武装队
称雄蛮荒西部的队伍

约翰·霍利迪医生

1851—1887年

霍利迪医生是一名专业牙医和神枪手，他是和怀亚特·厄普关系最好、认识最久的朋友之一，因在OK牧场枪战中与厄普并肩作战而闻名。复仇之旅结束5年后，霍利迪去世。他共经历了8场枪战，打死6人，伤人无数。

**"得克萨斯杰克"
约翰·弗米利恩**

1842—1911年

作为霍利迪医生的密友，"得克萨斯杰克"在旧西部以他的枪战实力和交火时的冷峻而闻名。他在复仇之旅的铁泉镇枪战中起到了决定性作用。

丹·蒂普顿

1844—1898年

丹·蒂普顿是一个经验丰富的水手，怀亚特·厄普的兄弟摩根在亚利桑那汤姆斯通的坎贝尔哈奇台球厅被暗杀时，他刚好在场。他参与了厄普复仇之旅的前半段旅程，在皮特·斯彭斯的森林营地目睹了歹徒弗洛伦蒂诺·克鲁兹被击毙的全过程。

147

哥,打死了另一个哥哥,怀亚特发誓要将他们绳之以法,并亲手把他们送上法庭。

第二天,怀亚特决定,尽管弗吉尔身体虚弱,但必须马上带他离开亚利桑那,否则他将成为下一个目标。与此同时,验尸官D.M.马瑟医生对摩根的死进行了调查,他发现臭名昭著的不法之徒皮特·斯彭斯的妻子玛丽埃塔·杜瓦蒂知道一些内幕,并且因为经常受到斯彭斯的虐待,她准备说出真相。杜瓦蒂告诉马瑟,摩根被暗杀的前一天,她无意中听到丈夫和"印第安查理"弗洛伦蒂诺·克鲁兹的谈话。当摩根经过他们身旁时,她听到斯彭斯对查理说:"就是他,就是他。"

杜瓦蒂还说,就在同一天晚上,克鲁兹和弗兰克·史迪威带着手枪和卡宾枪来到斯彭斯家,在外面低声交谈了一会儿。第二天早上,当杜瓦蒂质问斯彭斯那晚的事情时,斯彭斯动手打了她,还威胁她说,如果她把听到的事告诉别人,就开枪打死她。斯彭斯、史迪威和克鲁兹此刻是摩根·厄普谋杀案的主要嫌疑人。杜瓦蒂在法庭作证时,怀亚特在后面旁听。然而,由于当时过时的法律制度——证人不能指证其配偶,杜瓦

▲ 在蛮荒西部,袭击事件常常发生在酒吧

▲ 成为执法人员之前，怀亚特·厄普做过几份不同的工作，其中包括水牛猎人和酒馆老板

蒂的证词被驳回。在得知法官决定释放这些恶徒后，怀亚特意识到法律根本无法给这些不法之徒公正的判决，避免家人再次受到伤害的唯一方法就是亲手将他们全部解决。

3月20日，怀亚特护送弗吉尔和他的妻子来到争夺城火车站，准备离开亚利桑那。一到车站他就收到弗兰克·史迪威一伙正在寻找弗吉尔并准备在图森（弗吉尔在去往加利福尼亚途中的下一站）动手干掉他的消息。因此，怀亚特和他的手下一直护送弗吉尔到了图森。他们在车站附近的一家旅馆住了一晚，打算一早护送弗吉尔和他的妻子上火车。第二天，怀亚特发现车站附近的平板货车上埋伏着两个人，正是弗兰克·史迪威和他的同伙艾克·克兰顿。多年执法形成的直觉加上数月恐惧和死亡威胁积聚的愤怒使他拿起猎枪全速朝歹徒跑去。史迪威和克兰顿看到怀亚特和霍利迪医生，转身就跑，但史迪威绊了一下，摔倒在地。史迪威慌乱地试图在尘土飞扬的车场中站起来，但是太迟了，怀亚特已经用一把双筒猎枪近距离瞄准了他的胸膛。在子弹射中史迪威的身体之前，他瞥见了怀亚特眼中燃烧的仇恨。

史迪威短促的尖叫很快被枪声掩盖，6发鹿弹击中他的身体，火药将外套后面烧出好几个大洞。最后，怀亚特从枪套里抽出点44斯科菲尔德史密斯威森左轮手枪，瞄准史迪威的脑袋，开枪射中了他的头。

在清晨的阳光下，史迪威的尸体渐渐变冷。怀亚特和他的盟友们看着火车缓缓驶出车站，载着弗吉尔和他的妻子开往加利福尼亚。

怀亚特一行人回到汤姆斯通，但是，史迪威的尸体在图森被发现，他的死直指厄普武装队。图森市治安法官查尔斯·迈耶对这5人发出了逮

OK 牧场枪战

01 欺人太甚
在枪战发生前的几个星期里,不法之徒艾克·克兰顿曾多次威胁厄普一家和他们的密友霍利迪医生。受够了威胁的厄普一家决定把克兰顿和他的同伙送进监狱。

06 汤姆和比利都因失血过多而死
枪战结束时,艾克·克兰顿逃走,弗兰克·麦克劳里倒地身亡,汤姆·麦克劳里和比利·克兰顿身受重伤。虽然二人随后被转移到附近的房子里疗伤,但最终还是因流血过多身亡。

枪战发生在何时何地?
1881年10月26日,星期三,亚利桑那的汤姆斯通。

谁参与其中?
一方是厄普兄弟弗吉尔、摩根、怀亚特和霍利迪医生。另一方是比利·克兰屯、艾克·克兰顿和比利·克兰顿以及汤姆·麦克劳里和弗兰克·麦克劳里。

谁命丧黄泉?
比利·克兰顿、汤姆·麦克劳里和弗兰克·麦克劳里。

接下来发生了什么?
这场枪战令双方势如水火,争斗不断,最终以怀亚特·厄普的复仇之旅告终。

▲ 亚利桑那汤姆斯通，1881年

04 双管枪射杀
比利·克兰顿和弗吉尔手持左轮手枪最先在枪战中开枪，弗吉尔射中了弗兰克·麦克劳里的腹部。随后，霍利迪医生绕过汤姆·麦克劳里的马，用双管霰弹枪射击突袭了他。汤姆试图沿街逃跑，但跌倒了。

03 快速拔枪
发现这伙"牛仔"歹徒后，弗吉尔·厄普喊道："举起你们的手，我要看到你们的枪！"弗兰克·麦克劳里和比利·克兰顿立刻拔出六弹式左轮手枪瞄准。弗吉尔喊道："停，我不是那个意思！"但为时已晚，枪战爆发了。

02 不在 OK 牧场
实际上，OK 牧场枪战的地点不在牧场里，而是在距牧场后门向西 6 户人家的狭窄地块。当厄普兄弟和克兰顿团伙对峙时，他们之间的距离只有 1.8 米。

05 麦克劳里中枪身亡
随后发生了混战，比利·克兰顿开枪击中了摩根·厄普的肩膀，但他自己的手腕也中了枪。弗兰克·麦克劳里和霍利迪医生交火，但很快便头部中弹，当场毙命。

151

复仇目标

"卷毛比尔"威廉·布罗修斯
1845—1882年

"卷毛比尔"是一个暴力罪犯、偷牛贼和杀手，他是杀害怀亚特·厄普的哥哥摩根的暴徒首领，是"亚利桑那最著名的不法之徒"。他大部分时间都在为非作歹、抢劫公共马车和以血腥死亡威胁对手。

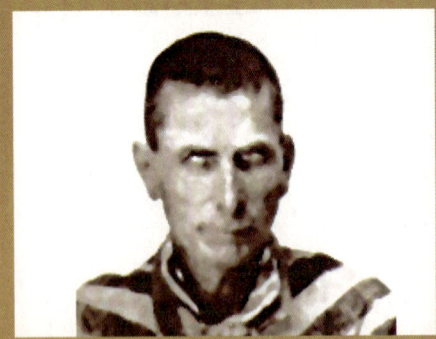

皮特·斯彭斯
1852—1914年

斯彭斯偷盗公共马车和牛，是亚利桑那出名的逃犯。他是同为逃犯和杀手的弗兰克·史迪威的朋友和生意伙伴。他们都是摩根·厄普谋杀案的主要嫌疑人。

弗兰克·史迪威
1856—1882年

史迪威是一名矿工和车马出租行主，因参与非法活动而出名。他是伏击并谋杀摩根·厄普的嫌疑人之一。由于证据不足，史迪威没有受到任何惩罚，但他也因此登上了怀亚特·厄普的复仇名单。

捕令，并给汤姆斯通发了一封电报，要求贝汉警长缉拿他们。然而，令迈耶意想不到的是，汤姆斯通的电报局经理是厄普一家的朋友，他收到电报后，立即拿给了刚刚骑马回城的怀亚特。

怀亚特知道，如果他的死对头贝汉看到这封电报，一定会阻碍他复仇的步伐，所以他准备快速撤离汤姆斯通。然而，贝汉冲到酒店，在大堂遇到了全副武装、正准备离开的厄普武装队。贝汉径直走向怀亚特，命令怀亚特跟他回警长办公室，但是怀亚特没有理他，直接穿过大堂走了出去。

他们在酒店外与武装队的其他成员会合，其中包括"得克萨斯杰克"约翰·弗米利恩、丹·蒂普顿、查理·史密斯、弗雷德·道奇、约翰尼·格林和洛乌·库利。他们没有理会怒火中烧的贝汉，策马离开了汤姆斯通。

第二天早上，也就是3月22日，怀亚特骑马来到斯彭斯在龙骑山南山口的森林营地。在对该地区进行快速搜索后，他们确认斯彭斯并不在那里——事实上，斯彭斯已经被怀亚特要追杀他的念头折磨得接近疯狂，因此向贝汉警长自首，寻求保护。然而，怀亚特对此毫不知情，他决定对营地进行最后一次搜查，以确保斯彭斯没有像胆小鬼一样躲起来。在搜查过程中，怀亚特突然发现一个人影跑到后面，冲进了灌木丛。但那个人不是斯彭斯，而是"印第安查理"弗洛伦蒂诺·克鲁兹，斯彭斯的得力助手。

怀亚特拔出手枪，但由于距离和视线问题，无法精确瞄准，于是他示意手下展开围攻。霍利迪、麦克马斯特和约翰逊速度最快，他们从多个位置向逃跑的克鲁兹射击，克鲁兹的手臂、大腿和骨盆同时被击中，人扑倒在地。他试图爬到掩体后面，血不断从他的伤口处冒出，痛苦的哭喊声响彻山口。怀亚特快如闪电般追上了他，克

追捕执法者
追捕怀亚特·厄普的警长

约翰尼·贝汉不仅是怀亚特·厄普复仇之旅的关键人物,也是OK牧场枪战的关键人物。在这两起著名事件发生期间,他正担任亚利桑那科奇斯县的警长。OK牧场枪战后,贝汉在法庭上做出对厄普兄弟不利的证供,他说厄普兄弟引发了枪战并枪杀了3名歹徒。厄普兄弟后来被无罪释放,但是,双方从此势同水火。

众所周知,贝汉自认为是法律和秩序的典范,但事实上,贝汉的生活充满波折。1875年6月,他的妻子因为发现他偷情和招妓而离开了他。对待女性,他特别暴力,经常在言语和肢体动作上威胁她们。在公务之外,贝汉喜欢和那些臭名昭著的歹徒打交道,他和艾克·克兰顿、约翰尼·林吾、威廉·布罗修斯都有交情,而这3人都是弗吉尔·厄普致残和摩根·厄普被杀事件中的关键人物。

在汤姆斯通的大都会酒店与怀亚特·厄普发生冲突,并追捕怀亚特和他的复仇武装队失败后,贝汉又与自己的副手比利·布雷肯里奇陷入了一场争斗。布雷肯里奇指控贝汉挪用非法资金。经调查,贝汉在担任警长期间确实挪用了来历不明的5000美元。虽然贝汉最后免于牢狱之灾,但是他未能再次提名科奇斯县的警长。在怀亚特离开几个月后,他被剥夺了警衔和权力。

法律与秩序——蛮荒西部模式
美国旧西部有司法体系吗?

美国边疆幅员辽阔,没有标准化的执法机构管理蛮荒西部。因此,犯罪分子有大把机会抢劫拓荒者家庭。而当时的执法人员很难将他们缉拿归案,更不用说提供确凿的证据让他们在法庭上接受审判了。杰西·詹姆斯、比利小子和布奇·卡西迪等正是在这种环境下恶名远扬。由于当时蛮荒西部不受法律约束并缺乏权威,许多人开始擅用私刑——怀亚特·厄普的复仇之旅就是明证。这滋生了积怨、赏金和报复性杀戮,敌对双方常常交替向对方实施报复。这种摇摇欲坠、以牙还牙的执法体系常常导致因为感知威胁而非面对真正的犯罪行为而诉诸暴力。任何被执法人员或不法分子成功捕获的人都将面临死亡,他们通常被枪杀或处以绞刑。此外,在旧西部,合法与非法、好与坏、正当与残忍之间的界限是模糊的,一个州的不法之徒在另一个州可能会被视为受人尊敬的执法者。那些在电影中被描绘成荣誉和美德化身的警长,往往是通过暴力和威胁获取权位的逃犯,他们像中世纪大亨那样统治着自己的领地。直到19世纪末,当美国发展到足以建立真正的联邦法律和秩序时,诸如偷马、公路抢劫、决斗和偷牛等犯罪行为才得到有效打击。

▲ 在成为执法人员之前,怀亚特·厄普是东方酒馆的共同所有人之一

鲁兹立即求饶。当被问及摩根被暗杀一事时,克鲁兹承认他负责放哨。怀亚特继续逼问,克鲁兹发出一声尖叫,大声喊出了凶手的名字:"卷毛比尔"威廉·布罗修斯、弗兰克·史迪威、汉克·斯威林和约翰尼·林吾。

摩根的死是布罗修斯策划的。怀亚特早该知道,这个OK牧场的老对头是伤害他家人的幕后主使。怀亚特和他的武装队立即上马,直奔布罗修斯的老巢——磨石山。

在接下来的两天里,武装队搜索了磨石山周边地区,但毫无结果。最后,他们来到了磨石山的铁泉。这里看起来空无一人,武装队在行进途中偶然发现一群在泉水边做饭的牛仔。怀亚特立刻就认出了布罗修斯,他立刻下马抓起双筒霰弹枪,绕过山脊冲进敌人的营地,"得克萨斯杰克"、霍利迪医生和麦克马斯特紧随其后。怀亚特坚定地向布罗修斯走去,风衣在他身后随风飘动。

营地瞬间被恐惧笼罩,歹徒们在慌乱中寻找

怀亚特的复仇之旅

01 弗兰克·史迪威在图森被击毙
在将康复中的哥哥弗吉尔护送到图森,以便他和他的妻子能安全离开亚利桑那之后,厄普拦截了杀手弗兰克·史迪威,并在图森的火车站将他击毙。

02 法律令厄普失望
回到汤姆斯通,怀亚特亲眼目睹歹徒皮特·斯彭斯、弗洛伦蒂诺·克鲁兹等人逃脱了法律的制裁。

03 复仇武装队撤离汤姆斯通
怀亚特组建了一支武装队,踏上复仇之路。因史迪威枪击案,警长贝汉想要将他带回警局,但他对贝汉的命令置若罔闻。

04 贝汉组建对抗队伍
怀亚特离开汤姆斯通时对贝汉不屑一顾,这进一步加深了贝汉对怀亚特的敌意,他召集了自己的队伍,出发追捕怀亚特和他的手下。

05 弗洛伦蒂诺在南山口被处决
怀亚特和他的武装队前往皮特·斯彭斯位于龙骑山南山口的森林营地寻找凶手,却意外发现了他的同伙弗洛伦蒂诺·克鲁兹。克鲁兹在供认了摩根谋杀案的幕后主使后,被怀亚特处决。

06 追踪不法之徒到磨石山
怀亚特意识到摩根的死是由"卷毛比尔"布罗修斯精心策划的,于是他对磨石山进行了为期两天的搜索,因为这里是布罗修斯逃亡的必经之地。

07 "卷毛比尔"出局
复仇武装队在汤姆斯通以西32千米处发现了"卷毛比尔"布罗修斯和他的团伙。一场激战后,布罗修斯被怀亚特击毙。他的其他手下要么被杀,要么溃逃。

08 怀亚特寻求庇护
由于背负越来越多的命案,厄普武装队被贝汉的队伍通缉。为了寻求庇护,他们来到了富有显赫的农场主亨利·胡克的谢拉博尼塔牧场。

09 复仇武装队销声匿迹
1882年4月初,怀亚特·厄普的队伍离开亚利桑那后继续向东行进,他们曾在新墨西哥的银城和阿尔伯克基短暂停留。之后,再也没人在亚利桑那的汤姆斯通见过武装队中的任何人。

▲ 一幅怀亚特·厄普在道奇城赢得决斗的插图

着武器。布罗修斯像响尾蛇一样迅速取出他的武器转身向行进中的怀亚特开枪，但没能命中。紧跟在怀亚特身后的"得克萨斯杰克"拔出双枪，向歹徒射击。布罗修斯的手下立刻反击，子弹打中了怀亚特的外套和"得克萨斯杰克"的马。霍利迪医生、麦克马斯特和约翰逊跑到掩体后向歹徒开火；"得克萨斯杰克"在耗尽手枪里的所有子弹后，冒险冲向倒下的马匹，取回了他的步枪。

在混乱中，怀亚特·厄普的目光从来没有离开过布罗修斯，他不动声色地朝凶手靠近。时间似乎慢了下来，怀亚特抱着坚定的决心举起猎枪，近距离瞄准布罗修斯。看到首领死后，其他人开始四散奔逃，但怀亚特没有停止，他朝约翰尼·巴恩斯的胸部开了一枪，接着又射伤了米尔特·希克斯。

怀亚特·厄普余下的复仇之路只有一个宿命——逃亡。由于受到法律通缉，怀亚特和他的武装队不能返回汤姆斯通。在多个安全屋中转了几次之后，大部分人骑马向东离开了亚利桑那。到了新墨西哥的阿尔伯克基后，他们分道扬镳。贝汉一直没有抓到他们。

边疆消逝

1890年,当美国人口普查局局长宣布边疆与边境线重合时,
蛮荒西部不再蛮荒

多米尼克·格林

1776年,当13个英属美国殖民地宣布独立时,合众国领土位于大西洋海岸和阿巴拉契亚山麓之间。那时,大平原和遥远西部的广袤地域对欧洲定居者来说是鲜为人知的,他们把那里称为"美国大沙漠"。只有那些具有探险精神和全副武装的人才会进入俄亥俄山谷那片森林和土著部落居住的荒野地带。

新生的美国政府并不是北美大陆上的唯一政权。当时,英国统治着加拿大;法国统治着密西西比三角洲以南的部分地区;西班牙统治着佛罗里达,并通过其殖民地墨西哥掌控着加利福尼亚和得克萨斯地区。

美国的"开拓精神"植根于两种截然不同的现实。一方面,美国由来自欧洲和东海岸城市的移民建立,他们的"边疆"是最远定居地的边界,是从弗吉尼亚州的詹姆斯敦和马萨诸塞州的普利茅斯向西绵延数百千米的最后一片农场。另一方面,美国以成文宪法为立国之根本,作为政治理想而诞生。对政府来说,"边境"是法律和政治意义上的边界。

这两个"边界"直到1890年才合二为一。当年12月,美国人口普查局宣布,自第一个欧洲人在美国定居以来,一直向西移动的边疆线已经消失。这一界线已融入太平洋,或与现有的加利福尼亚州、俄勒冈州和华盛顿州的边界重合。人口普查局还指出,美国领土范围内已没有任何不受华盛顿特区管辖的土地,美国的人口密度已达到每平方英里两人。

边疆与边境线重合,是美国历史也是美国人自我认知的转折点。在过去的3个世纪里,欧洲移民的定居点持续扩张,从大西洋海岸,越过阿巴拉契亚山脉,进入旧西北部和密西西比河谷,再到大平原、旧西南部和远西地区。开拓者们在这一过程中塑造了他们理想的自我。他们重视个人主义、坚韧不拔的精神和自给自足,通过反对欧洲模式来定义自己的粗犷民主。

在从1812年战争到1861年内战爆发的这半个世纪里,美国发生了巨变。随着东部城市人

一辆行驶在俄勒冈小道蓝山路口的草原大篷车。这里现在是美国国家公园的一部分

1865年至1890年，超过50万黑人"自由人"和他们的家人移居到边疆地区。

> 1866年到1888年,牛仔们把4000多万头长角牛从牧场驱赶到铁路车站。

▲ 最后一批牛仔:得克萨斯州,奥斯汀,1915年

口因欧洲移民的到来而增加,大批移民开始源源不断向西部进发,寻找可耕地。华盛顿特区政府通过谈判以现金换取土地,提前为西进奠定了基础。

1803年购买路易斯安那,美国政府仅花费1500万美元就购得了法国占领的80多万平方英里土地。1818年,英国和美国协议"共同统治"位于太平洋西北部的俄勒冈地区。1819年,西班牙签署《横贯大陆条约》,将佛罗里达割让给美国并放弃争夺得克萨斯的主权。19世纪20年代,俄国宣布放弃争夺目前阿拉斯加南部边界以北地区的主权。

1837年,经济萧条使移民突然涌向西部,

> 大牧场主用栅栏围起牧场后,小牧场主在1883—1884年发动了"拆除围栏战争"予以反击。

出现"俄勒冈热"。这条通往西部长达3218千米的陆路通道始于密苏里州的独立城,穿过大平原到达落基山脉分水岭,然后通过落基山脉南山口进入遥远的西部。从那里开始,"草原大篷车"马车队或向北前往俄勒冈或向南前往加利福尼亚。在内战前的几十年里,大约有30万人踏上了这段为期6个月的旅程。他们中大多数是年轻的家庭,其中希望通过淘金创造财富的年轻男子比例最高。

截至19世纪40年代,俄勒冈地区的美国定居者与英国定居者的比例已经达到10比1,因此,华盛顿特区政府要求英国政府就"共同统

> **这个"乐观的改革时代"使得美国的民主实验不仅存活下来,而且还在蓬勃发展。**

治"重新谈判。与此同时,"杰克逊式民主"(以安德鲁·杰克逊总统的名字命名)的基础——民粹主义和农业经济——在奴隶制和妇女解放运动的推动下,已经发展成为工业经济。这个"乐观的改革时代"使得美国的民主实验不仅存活下来,而且还蓬勃发展。包括西部广袤土地和源源不断的欧洲移民在内的各种资源,将持续推动美国从边缘国家向世界超级大国发展。

"扩张主义者"意识到,西进是成为超级大国的绝对必要条件。他们认为向西扩张延续了美国的最初愿景,即在整个北美大陆上拓展自治和民主制度。他们利用宗教信仰和种族优越感将美国的命运与新教及早期定居者的盎格鲁-撒克逊起源联系在一起。

1845年,编辑约翰·奥沙利文准确地描述了这一交织着野心、希望和偏执的特殊愿景。奥沙利文写道:"我们的天定命运是在上帝赐予我们的整个大陆上扩张,使年年倍增的民众得以自由发展。"

"天定命运"描述的更像是已经发生的事实,而不是未来政策的方向。截至19世纪40年代早期,美国边疆已经成为大选中的关键问题,它可以决定总统的当选或政党的解散。1840年,当约翰·泰勒总统宣布支持兼并已有上千美国人定居的得克萨斯共和国时,他的辉格党支持者们离他而去。

得克萨斯兼并和俄勒冈领土划分决定了1844年美国总统大选的结果。反对兼并得克萨斯的前总统马丁·范·布伦和主张将美国边疆向西南里奥格兰德推进的田纳西州参议员詹姆斯·波尔克之间的民主党提名之争,最终以波尔克和"天定命运"的胜利告终。

1844年12月,泰勒总统在即将离任前推动参议两院起草了一份支持兼并得克萨斯的决议。1845年3月,波尔克上任后立即命令美国军队向西南的努埃西斯河进发。1846年5月,波尔克向墨西哥宣战。

辉格党因"波尔克先生的战争"再次分裂。东北部的废奴主义者对波尔克在奴隶未被解放的情况下将得克萨斯并入联邦感到震惊。1820年

▲ 霍勒斯·格里利,写出"年轻人,去西部吧!"这句话的新闻记者

54°40',还是开战!

英美的领土争端

美国和英国正面交锋过两次:美国独立战争(1776—1783)和1812年战争。19世纪40年代,两国因俄勒冈领土问题再次剑拔弩张,险些开战。

根据1818年的"共同统治"协议,英属加拿大和美国的部分边界确定为从明尼苏达的伍兹湖到落基山脉的49°北纬线,对于剩余区域,英国希望将边界划定为沿哥伦比亚河向西延伸至太平洋,美国则希望划定为沿49°北纬线延伸达太平洋。由于无法达成一致意见,双方决定共同统治这片区域,并维持10年。1827年,双方再次谈判,同意无限期延长这一协议。

19世纪40年代早期,美国移民进入俄勒冈地区引发了一场危机。一些国会议员呼吁开战,向北推进边境,他们的口号是"北纬54°40',还是开战!"。1846年,波尔克总统提议沿49°北纬线划定美加边界,根据英方意见做出细微调整(包括把温哥华岛划分给加拿大)后,双方达成一致。

随后,双方关于胡安·德富卡海峡(萨利希海到达太平洋的地方)的争端通过国际仲裁得到了解决,现在美加边境位于152千米长的海峡中间。虽然加拿大对仲裁结果不满,但他们对再次引发一场远在东部缅因湾的边境争端持谨慎态度。

▲ 詹姆斯·波尔克,第11任美国总统,俄勒冈领土边界争端的解决者

▲ 金制道钉:1869年,太平洋铁路在犹他的普罗蒙特里峰竣工

160

1896年，在摩门教徒同意放弃一夫多妻制后，犹他州加入了美国联邦。

以来，自由州和蓄奴州已通过《密苏里妥协案》达成一致妥协，但波尔克此刻却提出，作为向西推进边疆的代价，天平应该向蓄奴州倾斜。

在马萨诸塞州的康科德，《论公民的不服从义务》的作者亨利·大卫·梭罗拒绝缴纳人头税，故意在镇监狱滞留了一夜。作为非暴力抵抗的典范，他激励了后来的托尔斯泰、甘地和马丁·路德·金等和平主义者。然而，美国公众却支持波尔克。

梭罗的导师拉尔夫·沃尔多·爱默生警告说："美国将征服墨西哥，但那无异于饮鸩止渴。"1848年2月，战败的墨西哥被迫签订了《瓜达卢佩－伊达尔戈条约》，它是所谓"天定命运"的胜利，但同时也引发了许多问题。

在得克萨斯问题上，辉格党内部的分歧从未停止过，因此它最终分裂为两个党派：共和党和民主党。得克萨斯以蓄奴州身份加入联邦将美国进一步推向内战。随着大批移民因加利福尼亚淘金热涌向西部，《瓜达卢佩－伊达尔戈条约》

"美国梦"

"美国梦"这个词起源于20世纪50年代，是战后富足的艾森豪威尔时代。然而，它适用于美国历史上的任何一个时代。

第一批来到美国的欧洲人梦想着通过白银、黄金和毛皮贸易获得财富。那些签署了10年或20年商业合同的契约劳工也是如此。然而，1620年乘坐"五月花"号来到美国的清教徒们却梦想着宗教自由和在新大陆上建立理想社区。它们是构成美国梦内核的两种截然不同的理想。

美国宪法通过承诺"生命、自由和追求幸福"，成功地将这两种理想完美融合。这个词的前身来自英国哲学家约翰·洛克，他认为政府应该确保其公民的"生命、自由和财产"，但仅此而已。在盎格鲁-撒克逊和新教国家，人们仍然坚信拥有房产才会更幸福。几乎所有的美国人都拥有自己的房产，在英国和斯堪的纳维亚拥有房产比南欧更普遍。

美国梦的意象在现代美国政治中反复出现。马丁·路德·金在为种族平等而战时说"我有一个梦想"。1980年，罗纳德·里根竞选总统时承诺经济复苏，这让美国重新树立起清教徒式的"山巅之城"形象。奥巴马总统尝试将非法移民子女身份合法化时，将提案命名为《外国未成年人发展、救济和教育法案》——DREAM (Development, Relief, and Education for Alien Minors，首字母缩写)法案。

▲ 一辆1956年的凯迪拉克帝威双门轿车，它象征着美国梦和美国人的跃跃欲试

帮美国政府把终极目标——加利福尼亚收入了囊中。

淘金热后加利福尼亚人口激增，这使它得以在1850年迅速加入联邦。1858年，派克峰发现金矿，这吸引了10万名准矿工来到科罗拉多。尽管这些人中很少有人梦想成真，很多人在逐梦过程中丧命，但矿工们的到来还是加快了科罗拉多加入联邦的步伐，使它在1876年正式成为联邦一员。此外，大批矿工来到内华达的布卢厄斯开采白银，推动该地区在1864年加入了联邦。

南北战争造就了美国政治的未来，也塑造了美国边疆的未来。1862年，亚伯拉罕·林肯政府通过了《宅地法》。这一法案保证所有农民都能在大平原上申领最多160英亩的土地。在这块土地上住满6个月后，他们就有权利以每英亩

在山区，铁路公司的利润增加了两倍，达到每英里48000美元。

1.25美元的价格向政府购地。如果能够在自己的土地上生活满5年，他们将可以免费获得这块土地。

《宅地法》引发了移民潮，想要逃离内战的东部城市居民开始大举向西部迁移。内战结束后，南方大批黑人奴隶被解放，西部又迎来了"自由人"移民潮。

《纽约论坛报》的编辑霍勒斯·格里利通过报纸向潜在的移民发出了邀请，他写道："年轻人，去西部吧！"

随着新移民的定居和新州的加入，边疆与边境线逐渐靠近。1862年，第二次移民潮进一步缩小了该区域的范围。在那时，铁路网络只覆盖了东部城市到密苏里河东岸的地区。从密苏里河东岸开始，想要向西行进就必须乘马车穿越美国大沙漠，即大平原。林肯政府意识到，没有任何一家铁路公司能在美国大沙漠上独立铺设铁路，因此，政府雇用了两家公司来完成太平洋铁路的建设。

联合太平洋铁路公司受命铺设从密苏里河向西，穿越大平原和落基山脉的1747千米长铁路。中央太平洋铁路公司则铺设从加州的萨克拉门托向东到内华达山脉的1108千米铁路。1869年5月10日，加州州长利兰·斯坦福在犹他州的普罗蒙特里峰主持了东西段铁路的接轨仪式。他将

▲ 弗雷德里克·杰克逊·特纳，研究美国边疆消逝的历史学家

▲ 1890年，伤膝河大屠杀后大脚印地安人的营地，同年边境与边疆线重合

最后一根金制道钉打入枕木，象征太平洋铁路正式竣工。

不久后，新的铁路开始遍布全美。便利的交通促进了边疆的发展。铁路沿线的农场和城镇与日俱增，采矿业也因矿石得以通过铁路运到东部加工而发展起来。由于通信速度的加快——电报电缆很快就遍布铁路沿线——和军队在全美范围内机动能力的加强，政府的管辖范围得到扩大。

铁路公司向陷入内战的政府索取到优惠条件。每在水平地面上铺设一英里铁轨，他们就能得到16000美元和6400英亩的土地。在接下来的几十年里，铁路"强盗大亨"通过将土地卖给定居者或围地放牧再次获利。1873年，约瑟夫·格利登发明了一种可以把铁路沿线逐渐发展起来的大片牧场用围

> 内华达州因1856年发现的金银矿藏而被称为"白银之州"。

栏隔开的廉价方法——带刺铁丝网,"开阔草原"开始慢慢消失。

铁路成就了牛仔却也毁了牛仔。铁路建成后,牛群必须先从得克萨斯和大平原上的牧场转移到铁路沿线新建的大型牲畜围场,再用火车运往东部,这增加了对牛仔的需求。内战结束后,大约4万名退役士兵成为牛仔,将数量庞大的牧群驱赶到牲畜围场。他们常用的路线包括以下几条:南起得克萨斯州中部北至堪萨斯州阿比林,全长805千米的奇瑟姆步道;通往道奇市的西部步道;由得克萨斯州中部到新墨西哥,再到怀俄明夏延市,长达1126千米的"晚安-爱之路"。

随着铁路网络的发展,步道变得越来越短。19世纪70年代,冷藏车被发明后,人们开始在最近的火车站或堪萨斯和芝加哥屠宰牲畜,那个时代的边疆英雄牛仔随之落寞退场。另一个边疆神话快马邮递信使的命运亦是如此。虽然铁路给牛仔们带来了无上荣耀,但它给美国土著带来的却是毁灭性的灾难。

随着白人移民的到来,美国土著被逐渐推向西部。美国政府常因东部公众舆论压力而在处理边疆事务时表现得软弱无力,默许将美国土著从世代相传的土地上暴力根除的行为。幸存下来的美国土著被驱逐到保留地,因为那里对白人定居者来说毫无价值。一旦白人定居者发现保留地上有

> 联合太平洋铁路公司的劳工大多是爱尔兰移民和士兵。中央太平洋铁路公司的劳工大多是中国移民。

▲ 1862年《宅地法》颁布之后,堪萨斯州一间新建棚屋内部

▲ 作家拉尔夫·沃尔多·爱默生警告说，将边疆推进到得克萨斯将会引发内战

利可图——例如南达科他地区的淘金热——美国土著会被迫再次迁移。

1889年的俄克拉何马移民潮是边境与边疆正式重合前的最后一波移民潮。1889年4月22日中午，5万多名男女老少乘马车或骑马来到俄克拉何马中部等待抢占政府向他们开放原本属于美国土著的200万英亩土地。同年，南达科他州、北达科他州、蒙大拿州和华盛顿州加入联邦。1890年，爱达荷州和怀俄明州加入联邦。

当威斯康星大学的年轻历史学家弗雷德里克·杰克逊·特纳得知人口普查局认为边境与边疆线已经重合时，他意识到美国历史的一个重要篇章已经画上了句号。1893年，杰克逊·特纳向美国历史协会宣读了一篇名为《边疆在美国历史中的意义》的论文。

从现实和法律角度来看，边疆不仅造就了美国的内外边界，还塑造了去西部寻求财富或土地的美国人的经历，影响着虽然留在东部，但扩张热情并未因距离而削减的美国人的经历。特纳相信，边疆是美国人自认理想性格形成和经受考验的地方。

边疆生活鼓励人们民主、务实和爱默生所说的"自力更生"。出于同样的原因，它也鼓励人们蔑视高雅文化和鄙视对暴力的过度依赖。

边疆的遗产

- 168　解决土著问题
- 178　西部真的那么蛮荒吗?
- 184　最初的华尔街巨鳄
- 190　边疆缔造者
- 193　"我们以外的西部"

解决土著问题

美国边疆有一个亟待解决的问题,那就是美国土著。
对此,理查德·亨利·普拉特的解决方案是将他们同化。
他为此而创建的学校既得到赞誉,也招致鄙视和争议

弗朗西斯·怀特

欧洲白人来到北美后,与土著一直维持着一种复杂多变的关系,这种关系在双方交往中屡遭失信行为的破坏。最初,欧洲人与土著合作交易皮毛和其他商品,并允许土著加入他们的军队。但是,随着时间的推移,合作变为鄙视,双方关系走向破裂。作为给予他们帮助的回报,欧洲人本来承诺尊重部落土地的主权和独立,但是欧洲政府后来违背承诺,从土著手中夺取了越来越多的领土控制权,使这些地区土著的生活发生巨变,彻底颠覆了他们延续了几个世纪的生活方式。

美国效仿欧洲的先例,在利己的时候与美国土著合作,在想要掠夺其土地的时候,立即割袍断义。当美国政府想要向西部扩张时,情况便是如此。简而言之,当美国土著阻碍了美国向西扩张的步伐时,他们的需求、传统和生活方式变得不再重要。曾经的承诺被抛诸脑后,美国的扩张高于一切。在利用美国土著达到自己的目的后,美国政府以土著阻碍边疆西扩计划为由,立即终止了和他们的友好关系。

乔治·华盛顿是第一个提出"教化"美国土著政策的人;1830年,《印第安人迁移法》将原本生活在密西西比河以东的土著部落迁往西部。虽然根据该法案西迁应该是自愿的,但政府官员滥用职权,强迫所有部落及其成员违背自身意愿搬离世代相传的土地。1838年,切罗基部落被迫西迁,4000名切罗基人死于由此引发的抗议和西行途中,这条西迁之路现在被称为"眼泪之路"。白人和美国土著之间的紧张关系已经超越极限。许多美国人开始认为美国土著是另一类人种,他们在美国白人社会中没有目标、无法立足,也无法挣脱他们"野蛮"根源的束缚。

但并非所有人都这样认为,理查德·亨利·普拉特就是其中一员。他自认肩负着一个重要使

▶ 有些人认为普拉特派强制文化同化是一种文化灭绝行为

▲ 普拉特是有记录以来第一个使用"种族主义"一词的人

命,那就是证明美国土著与白人是平等的。在他所生活的那个时代,这是极具革命性的思想。他相信,无论美国土著还是其他人种,所有人出生时都如同一张白纸,可以随意晕染勾画,教给他们你想要传授的所有道德或技能。"将'野蛮'的新生婴儿转移到'文明'环境中,他将拥有'文明'的语言和习惯。"换句话说,普拉特认为美国土著有能力挣脱"野蛮"根源的束缚,达到欧洲社会和文化的文明标准。

普拉特不仅坚信这一观点,还付诸行动加以证明。在马里恩堡,他招募了一些美国土著囚犯,并开始教他们英语、艺术、警卫职责和手工艺。当课程取得成功时,美国政府颇为震惊——美国土著竟然可以学习白人的技能。全美各地的

利用教育将土著文化同化为白人文化,在当时被视为是"拯救"受苦受难种族的义举。

知名人士开始实地参观这所临时学校,他们为"野蛮人"也可以转化成对社会有贡献的一员感到惊叹——由此可见他们对美国土著的鄙视之深。美国教育专员对普拉特的成绩大为赞叹,普拉特开始相信这所学校是教化美国土著的最佳方式。他游说国会允许他在更大范围内继续试验,他说:"帮我招募300名年轻土著,让我来向你们证明。"国会帮他招募了147名学生而不是

▲ 普拉特不打算让学生们回到部落，他把学校当作"消灭印第安传统：拯救这个人"的方法

▲ 许多卡莱尔的学生后来成为职业运动员和教练

▲ 卡莱尔在当时成为15个州26所类似学校以及数百所私立学校的榜样

300名，但这已经足够，卡莱尔印第安工业学校就此诞生。

这所学校建在宾夕法尼亚州卡莱尔的旧军营里，招收了形形色色的美国土著学生。他们的年龄从6岁到25岁不等，来自拉科塔、夏延、凯厄瓦、波尼和阿帕奇部落，绝大多数是这些平原印第安部落首领的孩子。卡莱尔的目标与普拉特自己的信念一致——让美国土著儿童完全沉浸在白人文化中。学校将教授他们英语、技能和白人社会的习俗，使他们能够在不断发展和进步的欧洲白人世界中生存。

以现代的视角来看，这种思想很极端，近乎种族主义。1877年，美国土著部落，尤其是拉科塔人，在黑山战争中战败后，遭受了巨大的痛苦。他们的土地被侵占，部落成员被迫迁往保留地，生活贫困。人们担心，整个美国土著种族会在几十年内彻底消失，并将他们称为"正在消亡的种族"。美国政府找不到既能让美国土著适应白人社会的生活，又能让他们保持自己文化身份的方法。许多人认为，唯一的希望是文化转变，而且速度要快。利用教育将美国土著文化同化为白人文化，在当时被视为是"拯救"受苦受难种族的义举，普拉特很可能认为卡莱尔是美国土著的救世主。这所学校、普拉特，以及"同化"的概念比种族主义者的概念要复杂得多；普拉特坚信平等——他为之宣传，为之奋斗，为之团结志同道合的人——但他的思想是由那个时代塑造的，当时，所谓平等意味着所有种族都有机会融入白人社会。普拉特想让美国土著在白人聚居的美国占有一席之地，学校教育就是他的答案。

他的这种想法可以解释（但不能作为借口）学校为了把土著儿童变成"文明的白人男女"所采取的一些极端（以今天的标准来看）措施。卡莱尔要求所有学生学习英语并在日常生活中说英

鬼舞
舞步如何引发战争？

并不是所有的美国土著都能接受同化。19世纪90年代，传统的鬼舞仪式重新开始流行。

这个仪式背后的意义是，如果操作得当，它将使死者的灵魂与生者团聚。一个名叫杰克·威尔逊或沃沃卡的先知称，他在幻象中看到上帝命令他把鬼舞带回人间。沃沃卡说，上帝承诺通过仪式清除世界上所有的邪恶，驱赶白人殖民者，给所有美国土著带来和平、繁荣和团结。许多部落首领相信沃沃卡，把鬼舞重新引入部落，使其迅速流行开来。与相信穿着鬼魂衬衫可以保护自己免受子弹伤害不同，鬼舞是人们的信仰。这一仪式令许多白人政府官员感到恐惧，他们认为这是战争的前奏，政府迅速在南达科他州的大苏族印第安保留地部署了军队。紧张的局势和恐慌导致双方多人丧命。后来，在臭名昭著的伤膝河大屠杀中，153名拉科塔人遇害。大屠杀之后，人们对鬼舞的热情迅速减退，许多美国土著担心，如果继续举行这一仪式，他们会被杀害。

▲ 有争议且讽刺的是，20名美国士兵因在伤膝河大屠杀中的表现而被授予荣誉勋章

语，这一转变的起点是使用新的英文名。虽然学校给一些学生指定了名字，但另外一些学生可以进行自由选择。当这些不知道如何说或读英语的孩子们面对满墙他们看不懂的名字时，他们只能从这些符号中随机挑选。白人名字取代印第安名字，这是他们人生转变的开始。

学生们被迫丢弃的不仅是土著名字，还有土著的服饰和装扮。鹿皮鞋和披肩被西装和校服取代，男孩们的长发被剪成短发，就好像这些长发阻挡了他们的启蒙之路。学校任命那些会说英语的学生做翻译，但同时，学校利用土著尊重和忠诚于长者的观念使这些学生成为监视其他同学的间谍。这所学校纪律严明，如果学生不守规矩，就要面临"审判"。卡莱尔许多做法的聪明之处在于，它在把学生外表塑造成白人男女的同时，下意识地迎合了美国土著的价值观。例如，为了迎合土著的勇士传统，男孩们被编成小队。学校利用这些孩子想要得到"晋升"、获得更高头衔和特权的渴望令他们顺从。也许并不令人惊讶的是，不是所有的学生都能适应卡莱尔的教育，许多孩子被送回家，有些孩子甚至逃离了学校。

然而，由于学校创办初期成绩斐然，1878年11月，政府命令普拉特招收更多的学生。但是，这次政府有额外的隐藏目的。它要求普拉特从拉科塔、达科塔和纳科塔部落招收学生，原因很明显——这些是过去抵制美国最为激烈的部落。然而，普拉特并不喜欢这一计划。一方面，他不想让怀有敌意的学生进入他的学校；另一方面，他对这些部落中的大多数都不熟悉。国会并不在意普拉特的顾虑，认为如果普拉特能够从美国土著手中带走他们的孩子，那么这些孩子就可以作为人质，胁迫其他部落成员安分守己。

> 一种劝说部落首领的方法是派遣"成功的"学生回到部落展示他们所学的技能。

尽管心存疑虑，普拉特还是接受了这个任务，直接向红云部落和斑点尾巴部落的酋长提出了请求。这些首领本不愿意把孩子交给他，但普拉特非常能言善辩。他指出政府之所以能够欺骗他们，强迫安置他们在保留地，正是因为他们不会读写英语。如果酋长能够读懂需要签署的协议内容，那他就可以拒绝签署协议，从而避免陷入可怕的

猎杀野牛
野牛和美国土著的命运息息相关

捕猎野牛是美国土著的社会和经济基础。大批部落男子穿越平原进行传统的、带有宗教色彩的部落狩猎。为了争夺野牛资源丰富的地区，部落之间会发生激烈冲突，有时甚至会导致战争和村庄被烧毁。北美野牛的数量一直稳定，16世纪时野牛数量约为2500万—3000万头，然而，这一切很快就将改变。

19世纪，野牛被猎杀到几近灭绝，截至19世纪80年代，野外生存的野牛数量已经不足1000头。导致野牛数量急剧下降的原因很复杂，但几乎可以肯定的是，它反映了白人发展和殖民的趋势。众所周知，移民定居者猎杀野牛是为了谋求经济利益，野牛皮革、舌头和毛皮都可以交易。许多美国土著也参与其中，像白人定居者那样骑马猎杀野牛。美军积极鼓励屠杀野牛群，以削弱美国土著的力量。野牛是美国土著的主要食物来源，随着野牛数量的减少，美国土著只有两种选择，要么搬到保留地，要么饿死。下放给土著部落的土地远离野牛群，这种巨大的食物损失使得美国土著更加依赖美国政府，从而导致了自治权的丧失。

引用一位美国高级军官的话："如果我们杀光了野牛，我们就征服了印第安人。"野牛的毁灭给了美国土著致命一击，把这片肥沃的绿地变成了墓地。

▲ 堆积如山的野牛头骨被收集起来用作肥料

▲ 卡莱尔学校乐队在每个总统的就职庆典上表演，直到1915年学校关闭

困境。普拉特认为，如果他们让孩子接受教育，那么他们就能与白人平等对话。他承诺，如果孩子们在他的学校接受教育，他们学成后将返回部落，协助酋长。普拉特的话令人信服，拉科塔的酋长被说服了，将他们的孩子送进了学校。

另一种劝说部落首领的方法是派遣"成功的学生"回到部落展示他们所学的技能。卡莱尔的学生卢瑟·斯坦丁·贝尔就经常回到保留地，向首领展示学习成果。说服首领的工作并不容易。那时，许多在卡莱尔这样的寄宿学校学习的孩子都死于传染病，学校直到埋葬了尸体后才通知他们的父母。尽管面临现实威胁，普拉特和他的招募团队还是成功获得了相当多美国土著的支持。拉科塔酋长"站马"（Standing Horse）就是这所学校的大力支持者，他认为他的孩子迟早要面对白人，做好准备永远不是一件坏事。许多美国土著在种植园饥寒交迫地死去的境遇，也是刺激招生的一个重要因素。最后，局面竟然反转，普拉特不用登门拜访、苦口婆心地规劝，酋长们就会写信给他，恳请他带走他们的孩子。卡莱尔日益壮大起来。美国土著认为，融入白人社会总比死了要好。

虽然有些勉强，但卡莱尔的教育还是取得了一定的成效。1899年至1904年，学校给45人授予了学位，许多学生毕业后进入政府工作，校足球队得到全美上下的好评，校乐队被广泛誉为全美最好的乐队之一。普拉特想要证明美国土著可以融入白人世界，他完全做到了，然而，这是要付出代价的。卡莱尔派遣学生在暑期到雇主家做用人或到农场工作的项目受到学校管理者和改革者的欢迎，他们认为这是孩子们可以被同化的证明。然而，美国土著却不这么认为。齐特卡·拉萨是卡莱尔的音乐老师，她被普拉特指派招收新生。不幸的是，当她回家后，她发现母亲的房子年久失修，她家人的生活极其贫困，白人定居者正在入侵和占领族人的土地。尽管很享受教书的时光，但她并没有看到她的族人在接受白人教育后得到任何实际的好处。她向普拉特指出，学校的课程设计是为了让土著儿童长大后继续从事卑微的工作。后来，她因直言不讳而被解雇。

尽管卡莱尔学校在美国土著的经历中似乎微不足道，但事实上，这所学校及其努力推动的价值观极大程度地展现了校门外的斗争。普拉特和他的改革派同僚想要改变美国土著的形象。他们极力反对那个时代颇受欢迎的"蛮荒西部秀"对美国土著戏剧化和有点过火的呈现——他们坚持认为这些表演在误导大众把美国土著当成野蛮人。然而，当时还存在另一种声音。那个时代著名的进步分子"野牛比尔"科迪认为，普拉特的所作所为是在破坏美国土著的文化，让美国土著保留自己的身份才是更好的选择。他认为，对美国土著来说，最好的做法是允许他们按照自己的节奏进行调整和改变，而不是强迫他们被同化。这两个人都为避免美国土著种族消亡提供了契机，但他们的观点和方法却大相径庭。

在19世纪和20世纪早期，公众对美国土著的兴趣大幅提升。人们认为这个种族正在消亡。许多记者、历史学家和艺术家开始研究美国土著文化，以便它能为后世所知。然而，就在人们为美国土著文化着迷的时候，政府却在极尽所能加快它的消亡。政府征用美国土著的土地，限制他们的文化活动，把越来越多的孩子送到寄宿学校，以根除他们文化土壤中最后的种子。普拉特所取得的成果令政治家们相信，要想达到目的，普拉特和他的学校至关重要。但公众并不认同政府的做法。1905年，在罗斯福总统的就职游行上，蛮荒西部的代表与卡莱尔的乐队并肩出现。6位土著部落酋长身着传统服饰、骑在马背上的画面震撼全美，据说还"引起了轰动"。乐队参加游行的目的是为了展示学校的成绩，然而他们在威严的部落首领面前黯然失色，报纸几乎没有对他们做任何报道。

批评这所学校和"蛮荒西部秀"很容易，因为两者似乎都在以不同的方式消费美国土著文

▲ 美国土著表演者是蛮荒西部秀的主要看点和巨大吸引力所在

化。然而，了解美国土著的悲惨处境更为重要。他们穷困潦倒，疲于奔命，在现实世界里挣扎求生。学校和表演都为他们提供了接受教育或抓住生存机会的途径。美国土著深知这所学校的好处，将孩子们送进学校。一些孩子不仅在学校上学，还参加蛮荒西部秀的表演，因为他们在那里可以赚到很多钱。由于可怕的生存环境，美国土著没有很多选择。在那个残酷的时代，美国土著只有两种选择，要么被同化，要么死。像普拉特和科迪这样的人，在一个注定要毁灭他们的世界里，给他们带来了一线希望。

记住这一点很重要，因为它有助于我们理解为什么尽管普拉特的有些行为在今天会立即遭到谴责，但他自己却如此确信他所做的事是正确的。普拉特因怀有想要同化美国土著的极端观点而与政府多次发生冲突。他还因直言不讳地指出印第安人事务局和保留地制度的问题，而不得不提前退休。直到他去世前，普拉特一直致力于为美国土著群体谋求权利。对普拉特来说，帮助美国土著融入白人社会并不是心血来潮，而是他致力终身的事业。

尽管普拉特致力于改善美国土著的处境，但他的目标是极端的——完全融入白人世界。普拉特的个人口号是"教化印第安人，帮他进入文明世界。为了使他保持文明，让他留下来"。这是对当时美国社会主流目标，即彻底灭绝整个土著种族的严厉和极端回应。然而，许多美国土著并不喜欢普拉特对他们生活的干涉。双方争论的热点之一是学校关于土著跨种族通婚的潜规则。美国土著称，学校的同化是通过强迫他们异族通婚来彻底消除这个世界上的印第安基因。

这所学校所做的不仅如此——还强迫孩子们放弃自己的传统服饰和头发，选择更容易被接受的白人服饰，强迫他们接受新的饮食，给他们

> **普拉特的个人口号是"教化印第安人，帮他进入文明世界。为了使他保持文明，让他留下来"。**

起新的名字，并鼓励他们彻底改变自己的思维方式。强加在孩子们身上最为极端也是令土著女孩最难以接受的是新的性别规范。按照美国土著传统，妇女可以在性别平等的社会中承担重要职务。土著妇女可以是战士、医生、宗教领袖，有些甚至可以成为酋长。而在卡莱尔，学校教导女孩们要立志成为妻子、管家和裁缝。对许多土著女孩来说，这不仅剥夺了她们的文化身份，也伤害了她们的自尊，夺走了她们未来扮演多种角色的可能性。对她们世界观如此巨大的重塑使孩子们感到困惑和疏离，对学校心生怨恨。在卡莱尔，女孩们反抗新生活和现实的例子比比皆是。

卡莱尔强迫孩子们说英语的方法也遭到了反对。不同部落的成员被安置在同一个房间，只有英语是他们的共同语言，被发现说其他语言的学生会受到严厉的惩罚。另外一种做法是把土著和白人男孩安排在一起，希望借此鼓励土著男孩说英语。60个白人男孩和60个土著男孩被安排在一起后，具有讽刺意味的是，白人男孩开始说苏族语言了，这个项目最后不了了之。

对于那些从卡莱尔毕业后返回家园和保留地的学生来说，问题甚至更多。卢瑟·斯坦丁·贝尔是卡莱尔最出名和最有成就的毕业生之一，回到家乡后，族人的反应各不相同，一些人为他所取得的成就感到骄傲，另一些人则称他为叛徒，拒绝和他握手。卡莱尔的学生被灌输了这样的思想：憎恨自己的出身，将成为白人社会的一员定为最高目标。由于被迫对自己的文化感到羞愧，

有些毕业生回家后拒绝和家人说土著语。卡莱尔的教育给学生们的心灵造成了创伤，他们身处两种文化之中，却不归属于任何一方。一些人决定放弃他们在学校所学的一切，回归土著生活；另一些人则决定完全放弃土著文化，融入白人社会。有些人则可以两者兼顾，但这并非易事。

到了20世纪，卡莱尔的影响力已经越来越小。保留地学校和私立学校在全美各地如雨后春笋般涌现，这比长途跋涉到宾夕法尼亚州要方便得多。教工之间的激烈争论以及来自美国陆军和印第安人事务委员会的压力不仅削弱了学校的士气，也降低了入学率。第一次世界大战爆发时，卡莱尔的地位已经丧失殆尽。这所学校被改造成一所康复医院，供被送回家或送到非保留地寄宿学校的士兵和学生使用。学校关闭了，但它对学生的影响并没那么容易消除。

▲ 卢瑟·斯坦丁·贝尔后来成为一名作家、教育家、哲学家和演员

1887年《道斯法案》
美国政府如何破坏美国土著的生活、夺取他们的土地和瓦解他们的社会？

在相当长的一段时间里，美国白人因西部土地问题与美国土著频繁发生冲突，他们认为美国土著得以生存的唯一办法就是被白人同化。1887年的《道斯法案》是这一思想在政治上达成的共识，它正式允许美国总统没收并重新分配西部的部落土地。大片的土地被划分为以160英亩为单位的小块独立宅基地，分配给美国土著家庭。只有那些接受土地分配的美国土著才能获得美国公民身份。剩余的土地都被卖给了白人定居者。美国白人通过这种土地分割方式从平原印第安人手中夺取了他们超过一半的土地。更重要的是，这一分割瓦解了部落联盟的力量。土地分离意味着鼓励以家庭为单位独立耕种，放弃传统的部落结构。虽然美国政府认为《道斯法案》取得了巨大的成功，但对美国土著来说，他们的生活变得更加艰难；他们中的大多数人发现，他们无法靠种地谋生，不得不把土地卖给白人。这一法案最终令美国土著社会支离破碎，土著家庭失去土地，陷入赤贫。

▲ 美国土著拥有的9000万英亩土地被卖给了非土著居民

西部真的那么蛮荒吗?

在过去的 150 年里,蛮荒西部被描绘成一个不受法律约束、充满暴力的地方——但这是为什么呢?它真的如此糟糕吗?

内尔·达比

今天，随着古老的矿业城镇作为旅游景点对外开放，蛮荒西部开始被更多的人了解和牢记。例如，在加利福尼亚州，波迪和卡利科已经成为热门的旅行目的地——在波迪，人们可以观看枪战表演，还可以在酒吧里喝沙士①。但这样的场景从何而来？它能准确地反映美国的过去吗？

事实上，认为美国西部不受法律约束的观念早在19世纪末就已深入英美文化，当时的媒体把那个时代描述为"三四十年前美国西部的蛮荒时代"。19世纪中期的美国被神化为这样一个地方：当地报刊编辑"一只眼睛盯着稿子，另一只眼睛盯着门"，他们随身携带刀枪，因为他们知道争端是通过暴力而不是法庭来解决的。在那里，人们认为想要赢得一场战斗，就必须证明他们出手和开枪比对手快。事实上，当时流行的说法是，谁能以最快的速度战斗或是逃跑，谁就能活得最长久。

基于19世纪40年代末发生的故事，正值淘金热的美国西部被描绘成蛮荒之地。来自美国乃至世界各地的探矿者为了寻找财富来到西部，新移民申领土地，建立城镇，为淘金者提供服务和住所。他们必须吃苦耐寒，才能在残酷和极其原始的环境中生存：他们吃着粗劣的食物，忍受着

---

① Sarsaparilla，一种碳酸饮料，以植物墨西哥菝葜（Sarsaparilla）为主要调味的原料，因此得名。

电影往往通过枪支暴力和广阔荒凉的地貌展现美国西部的蛮荒

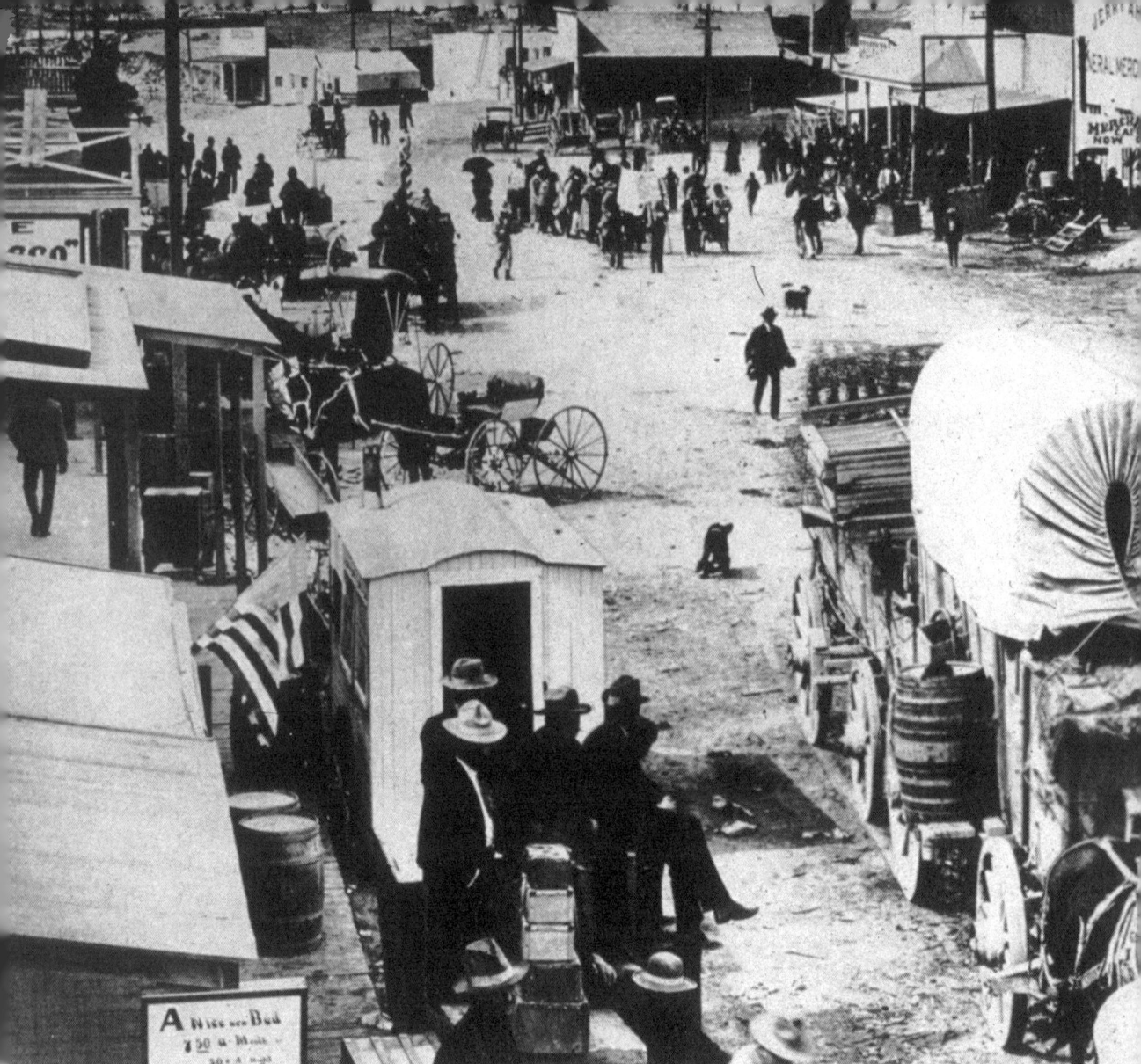

▲ 20世纪初，美国内华达州的边境小镇托诺帕

各种疾病；为了寻找黄金，他们还必须具备良好的身体素质才能搬运岩石和在冰冷的溪流中筛选金块。随着黄金消息的传播，越来越多的人开始加入竞争，金矿也越来越稀缺。在这样的残酷世界里，人们认为淘金者都是为了生存会诉诸暴力的硬汉。除此之外，由于他们中的很多人最初居住在临时的基础营地，人们认为他们过着违背传统城镇社会秩序的生活；他们酗酒、没有宗教信仰、无法无天。但是最近的一些研究表明，他们实际上比传说中更加守法——拥有的武器数量也少得多。

然而，这并不是美国西部被视为蛮荒之地的唯一原因。美国边疆的暴力实际上来自移民定居者对生活在大平原上的美国土著的态度。美国内战之前，定居者与土著通常通过谈判而不是暴力协调关系。然而，1865年，南北战争结束后，美军在西部扎根，并开始帮助定居者通过暴力夺取美国土著的土地。一些人认为，军队的介入导致传统谈判被暴力袭击所取代。1871年，国会决定中止与西部的美国土著谈判，拒绝与他们签订任何条约。虽然"奴役"土著群体，强迫他们帮助修建铁路的提案被美国政府拒绝，但土著群

1846年出生于艾奥瓦州，是蛮荒西部传说的重要组成部分。14岁时，他是"快马邮递"的骑手；19世纪60年代南北战争时期，他是联邦士兵；20岁刚过，他就开始在以牛仔为特色的演出中表演。他自称在十几岁时杀死了第一个人——一个美国土著，这个故事后来被写进了他的回忆录。他的表演展现了美国边疆的历史和相关人物，1883年他开创了野牛比尔蛮荒西部秀，又名野牛比尔蛮荒西部展览，该表演先是在美国巡回演出，1887年起开始在英国和其他欧洲地区巡回演出。到了19世纪90年代，这个西部秀的主角已经包含了来自世界各地的骑手和表演者，但最让人难忘的还是牛仔和印第安人。野牛比尔的演出中有许多重要历史人物，其中包括"坐牛"和声名狼藉的雇佣神枪手安妮·奥克利。

比尔与另一位蛮荒西部的关键人物"野蛮比尔"希科克是朋友，他们二人于1866年在堪萨斯州初次见面。野蛮比尔原名詹姆斯·巴特勒·希科克，于1837年出生在伊利诺伊州。希科克当时声名狼藉，这在一定程度上要归咎于他讲述的关于自己的荒诞故事。这些虚构的壮举创造出一

体却很快被白人定居者视为实现现代化的障碍和劣等人种。战后暴力事件和死亡人数的增加，以及一些定居者不惜一切代价夺取土地的行为都帮助塑造了蛮荒西部不受法律约束的形象。

19世纪80年代，野牛比尔的蛮荒西部秀引起了美国乃至大西洋彼岸的英国公众的兴趣。该表演展示了美国人典型的兴趣爱好，主要包括马术、射击和射箭。这些运动让人联想到充满野性的西部居民和未开化的辽阔土地，在那里，人们需要强壮的体魄和熟练的技能才能征服土地、驯服动物。野牛比尔，原名威廉·弗雷德里克·科迪，

▲ 直到1929年怀亚特·厄普去世后，40年前他参与的OK牧场枪战才为世人所知

181

▲ "野牛比尔"科迪通过19世纪80年代的巡回演出谱写出美国蛮荒西部的传说

个所谓民间英雄——一个射手、赌徒、间谍和强盗。1876年,希科克在达科他的一家酒馆里玩扑克时被枪杀。出人意料的死亡给他增添了神秘色彩,也提升了他在边疆传奇历史中的地位。然而,实际上,希科克的故事要复杂得多:野牛比尔雇用希科克参演他的秀,但希科克是一个糟糕的演员,因害怕聚光灯,不得不退出演出。除此之外,虽然他自称击毙了许多武装分子,但实际上并非如此。然而,他的确参与了枪战,因此作为典型的蛮荒西部人物被世人铭记。

到了19世纪末,西部已被戏剧表演和媒体刻画成用暴力解决争端的蛮荒之地。一些在当时没有得到广泛关注的孤立事件,在20世纪赢得了更多关注,从而加强了人们对西部蛮荒的印象。1881年10月26日亚利桑那汤姆斯通镇发生的一场仅仅持续30秒的枪战——OK牧场枪战就是一个例子。怀亚特·厄普、他的两个兄弟弗吉尔和摩根以及霍利迪医生与一群歹徒积怨已久,最终爆发了枪战。如果不是因为1931年,即怀亚特·厄普去世后两年出版的一本关于他生平的书——《怀亚特·厄普:边疆警长》,这个故事可能已经被人们遗忘。这本书后来被拍成了两部电影。

这些虚构的壮举塑造了一个所谓民间英雄——一个枪手、赌徒、间谍和强盗。

根据OK牧场枪战创作的电影,表明人们对蛮荒西部的印象已根深蒂固。20世纪初,牛仔电影出现之后,它的叙事和节奏都以暴力为主线。20世纪60年代迎来了牛仔电影或意大利式美国西部片的鼎盛时期,涌现出《七侠雄风》(The Magnificent Seven)、《黄金三镖客》(The Good, The Bad and The Ugly)等经典电影。《七侠雄风》通过七个枪手共同保护一个村庄免受"野蛮"小偷袭击的故事展现了西部的蛮荒;《黄金三镖客》通过赏金猎人和淘金者将西部勾画成了追求财富而诉诸暴力的蛮荒之地。电影中所呈现的贫瘠地貌和演员们表现出的粗犷男子气概——想想克林特·伊斯特伍德和李·凡·克利夫在电影中发出的无声威胁——让观众脑海中浮现出一个不受普通规则和法律约束、孕育着暴力的动荡社会。1973年的科幻电影《西部世界》(Westworld)利用人们对蛮荒西部的恐惧,将背景设定在模拟西部的机器人主题公园。公园里的机器人失去控制,大肆射杀游客,整个电影把暴力夸大到了极致。

考虑到美国西部被神化的悠久历史,今天我们对蛮荒西部的看法往好了说是被浪漫化了的,往坏了说是错误的。然而,我们时至今日仍为它着迷;因此,加州的鬼城将继续接待来自世界各地成千上万的游客,有些人想要看一场枪战,有些人想听一听酒吧里的小型钢琴演奏。

万宝路牛仔

万宝路男人极具男子气概、强壮而又沉默的形象是美国牛仔的典范

万宝路男人是一个虚构的形象——事实上,他被用于万宝路香烟宣传活动。然而,他对美国历史上粗犷牛仔形象的演绎如此深入人心,以至于他在宣传这种可以置人于死地的商品时也看起来那么的合理。

1954年,利奥·伯内特发明了万宝路男士香烟,目的是让有过滤嘴的香烟在男性中流行——在那之前,万宝路被认为是非常"女性化"的香烟。这些广告不仅增加了香烟对男性的吸引力,还创造出一个生活在蛮荒西部的强壮、有男子气概的美国男性形象。万宝路避开吸烟对健康的影响这一备受关注的话题,提出吸烟实际上会让人的外形变得更有魅力。虽然万宝路原本想要塑造从建筑工人到举重运动员等一系列劳动者形象,但是因为牛仔形象迅速受到欢迎,万宝路决定将其作为广告牌和电视广告活动中的标志性形象继续使用。

最广为人知的万宝路男人是达雷尔·温菲尔德,他不是演员或模特,而是一个农场主。他因具其符合粗犷和具有男子气概的外形特征,连续20年被万宝路聘用。后来,当几名参与万宝路广告拍摄的男性都死于吸烟相关的疾病时,万宝路香烟被认为是"牛仔杀手"。

▲ 洛杉矶日落大道上一块标志性的万宝路广告牌,上面是万宝路牛仔

最初的
华尔街巨鳄

美国一直高度重视竞争资本主义，
但它的经济一度被少数机会主义分子挟持

艾丽斯·巴恩斯·布朗

走在像纽约这样的美国大都市里，他们的名字随处可见——石油巨头约翰·洛克菲勒、安德鲁·卡内基和J.P.摩根等人的形象仍然在美国社会赫然耸立。但是，他们获得成功的途径备受质疑。有些人认为，这些欧洲贵族因在其势力范围内肆意掠夺钱财被冠以"强盗大亨"的称号，他们的财富之路践踏了美国赖以建国的基本理想。

从修建铁路到皮草贸易，尽管致富的途径有所不同，但他们有一个共同的特征——知道如何将一切变现。19世纪的美国为他们创造了完美的条件，让他们的企业得以迅速发展壮大。

自从欧洲人在美国定居以来，垄断企业就持续在美国蓬勃发展。殖民政府授予像弗吉尼亚公司这样的组织独家经销合同，使其能够完全掌控整个地区。这些公司是美国发展的必然产物，因为为了让新世界更加舒适，政府需要筹建大规模公共工程和建筑项目，而这些项目只能由大公司来完成。

尽管美国企业的数量在工业革命后有所增长，但是向西扩张为未来的垄断巨头提供了另一个绝佳机会。随着社会的快速工业化和新技术的发展，自然资源丰富、几乎完全未被白人开发过的边疆成为这些人谋求财富的理想之地。他们迅速行动起来，以获得对财富的完全控制。

就石油业而言，这种情况尤为普遍。美国各地的工厂、住宅和交通都依赖石油等化石燃料，因此，只要在西部油田的早期竞争中击败对手，就有可能控制石油的价格，洛克菲勒正是这样成为石油业的霸主。没有中央政府的商业监管，大亨和他们的垄断行为本质上是不可阻挡的。

除了美国西部廉价且资源丰富的土地，资本家还剥削来自东部的大批廉价劳动力。随着成千

安德鲁·卡内基是那个时代最具争议的人物之一

揭露罪恶

如果不是因为这些不可思议的记者，真相也许永远不会为世人所知

尽管政府很少追究大亨们的责任，但他们经常受到报纸和杂志的严厉批评。这些媒体通过资深调查记者查明大亨们的意图并将其公之于众。内莉·布莱就是其中一员，她在19世纪80年代为《纽约世界》工作。由于她的努力，这份报纸获得了"人民报纸"的声誉。

另一名记者艾达·塔贝尔则走得更远。她来自一个富裕的家庭，但她父亲的石油生意——像许多其他人一样——被洛克菲勒毁掉了。她为《麦克卢尔杂志》撰稿，1904年发表的新闻调查《标准石油公司的历史》被数百万人阅读，是当时对不道德商业行为最透彻的评价之一。

这些作家出身的"侦探"，催生了一种全新的新闻风格，西奥多·罗斯福戏称它为"揭发丑闻"。他们向权贵所发出的呼吁，可能并没有让他们在当局受到欢迎，但由于他们的努力，公众了解了更多信息。

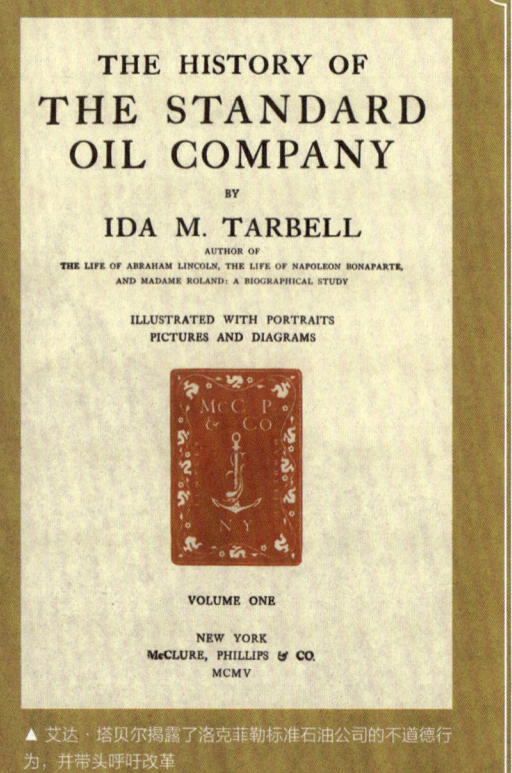

▲ 艾达·塔贝尔揭露了洛克菲勒标准石油公司的不道德行为，并带头呼吁改革

为了得到他们想要的结果，资本家们会贿赂政府官员。如果不奏效，他们就采取威胁手段。

上万贫穷和饥饿的欧洲移民和亚洲移民的到来，资本家只需支付几分钱就可以换取这些绝望者的辛苦劳动，在降低成本的同时令他们自己的利润飙升。

废除奴隶制和南北战争也对他们有利——他们可以低价雇用前黑奴，还可以在被战争摧毁经济的南方趁火打劫。政府对南方的态度昭然若揭——众议院的北方议员撒迪厄斯·史蒂文斯曾经说过："我们有权像对待其他被征服的省份那样对待它们。"

为了摆脱竞争，商人会策划恶意收购，或与其他商人合谋，将竞争对手赶出市场。小型企业有时会向当局投诉，但他们的案件常被置之不理。除此之外，还会使用暴力压制竞争对手，哪里有人与其对抗，其代理人就会迅速赶往哪里解决问题。

更糟糕的是，由于这些人控制着巨额的财富，他们对政府有着巨大的影响力——1895年，J.P.摩根用6000万美元贷款帮助美国政府摆脱了困境。一旦觉察政策制定者可能做出一些影响

▲ 洛克菲勒标准石油公司通过收取超高额石油运输费将竞争对手赶出市场

他们利益的决策，这些资本家就会投入大量资金游说和贿赂，以确保得到他们想要的结果。

如果以上方法不奏效，他们就会采取威胁手段。铁路巨头与政府的关系尤为如此，他们经常需要与政府打交道以扩大业务。利兰·斯坦福既是加利福尼亚州州长，也是中央太平洋铁路公司的主席，他通过贿赂政府同僚，使公司得到了900万英亩的土地和2400万美元的贷款，用以建设铁路。在地方政府提出反对意见时，他恐吓政府官员，威胁要避开他们的城镇绕路修建铁路。铁路对许多偏远地区来说是至关重要的生命线，所以地方政府不得不妥协。

大亨们还频繁干预金融市场，从而获取丰厚利润。詹姆斯·菲斯克尤其深谙此道。他通过股票市场的欺诈赚钱。内战期间，他投资邦联战争债券。邦联军战败后，他迅速将债券卖给欧洲投资者——由于大西洋两岸通信缓慢，欧洲人还没有意识到，南方已经输掉了这场战争。他还通过贿赂政府官员令政府黄金远离市场，造成黄金供不应求，人为抬高了黄金价格——但这也在1869年9月24日造成了恐慌，这一事件后来被称为"黑色星期五"。

尽管大亨们的某些手段卑劣，但在一些人看来，他们正在把美国变成一个"伟大的国家"。他们被誉为"白手起家的成功典范"，因为他们证明了"只要努力，任何人都可以赢得财富"。科尔内留斯·范德比尔特16岁时贷款100美元买下了他的第一艘船，后来借此建立了一个庞大的航运帝国。大亨们正在将美国打造成一艘蒸汽驱动的超级巨轮，它为混乱的工业化进程带来了秩序——至少他们是这样认为的。

为了改善他们糟糕的公众形象，这些资本家在晚年转向慈善事业。有些人，如利兰·斯坦福，建立了一流大学。有些人建造了医院、学校和博物馆，但没有人比安德鲁·卡内基在慈善事业上的投入更多。卡内基出生在苏格兰一个贫穷的纺织工人家庭，在同龄人中，他有点儿格格不入。他对富人和穷人之间的"互不信任"感到担忧。

▲ 1883年的一幅政治漫画，画中低薪工人用身体支撑着"强盗大亨"

为了缓解这种情况，他在世界各地投资了2500个公共图书馆，希望借此鼓励工人阶级自我教育提升。他相信他的财富可以帮助公众丰富他们的生活，因此他还捐款修建了卡内基音乐厅，这座音乐厅至今仍是美国顶级的音乐会场馆之一。

虽然大亨们投身公益和慈善事业，但工人们对他们富有老板的看法并没有改变。由于厌倦被雇主剥削和虐待，一些工人成立工会，尝试为自己争取更好的待遇，但是并非所有工人都是平等的——工会经常拒绝非洲裔美国人和妇女的加入。工会组织罢工，这一史无前例的行动永远改变了美国劳工史的面貌。

资本家的残酷又一次占了上风。

然而，罢工表明对企业大亨的怨恨正在滋长，公众舆论的潮流正在改变。在意识到几十年来的利润都被骗走后，小型企业开始发声。公众也开始强烈要求对大企业进行监管，而这一次政府从善如流，调整政府职能，扩大了商业监管范围。截至1890年，洛克菲勒集团已经控制了美国90%的石油产量，这成为变革的关键催化剂。

俄亥俄州参议员谢尔曼发起的宣传运动是向监管大企业迈出的第一步。1890年出台的《谢尔曼反托拉斯法》禁止托拉斯——类似洛克菲勒标准石油公司通过信托委员会垄断管理全美大部分石油公司的行为被禁止。1911年，洛克菲勒的信托基金终于通过该法案被解散，拆分为34家小公司。

1901年西奥多·罗斯福总统上任后，为反托拉斯推波助澜。他被称为"托拉斯终结者"，在废除托拉斯的过程中起到了积极作用。他于1907年发起了抵制托拉斯运动，在1911年彻底打破了美国烟草公司的垄断。但是，他区分了阻碍贸易和滥用权力的"坏"托拉斯与控制整个行业的"好"托拉斯——只要不损害消费者利益，就可以免遭抵制。

将竞争重新引入美国经济是美国历史上的重要里程碑。尽管"反托拉斯法"可能没有击垮美国所有的垄断企业和"强盗大亨"，但它表明，政府不再任由大企业自由发展。至于大亨们，他们的名字得以被世人铭记。无论如何看待他们的行为，大亨们在美国社会都留下了不可磨灭的印记。

1892年，为了抗议卡内基降低工人工资和破坏钢铁工人联合协会的行为，工会发起了宅地罢工。当时，工人们冲进一家工厂，随着一声枪响，枪战爆发，几名工人当场死亡。虽然工人们成功占领了工厂，但他们的胜利并没有持续多久，许多工人最终不得不接受降薪以保住工作。

边疆缔造者

杰克逊·特纳认为边疆塑造了美国及其人民的特征

内尔·达比

  弗雷德里克·杰克逊·特纳在美国内战期间，出生于新兴城市威斯康星州的波蒂奇。长大后他成了一名历史学家。对他来说，美国边疆代表的不仅仅是一个地理实体——它还象征着美国的灵魂。

  特纳出生于1861年11月14日，是来自纽约州的安德鲁·杰克逊·特纳和玛丽·奥利维娅·尼·汉福德的儿子。特纳夫妇都受过教育，他们想要改善威斯康星州居民的生活。威斯康星州是位于西部的明尼苏达州和东部的密歇根州中间的一个小州。特纳夫妇对周遭的世界兴致勃勃，想要在政治或者学术上有所作为。

  特纳与父母有着同样的追求，高中毕业后，他进入麦迪逊的威斯康星大学学习。完成学士学位后，他在赫伯特·巴克斯特·亚当斯的指导下，在马里兰州巴尔的摩的约翰斯霍普金斯大学攻读研究生学位。亚当斯是一位富有创新精神的历史学家和一位满腔热忱的导师。他将研讨会制度引入了研究生教育，并与他人共同创立了美国历史协会，该协会现在仍致力于美国历史研究。他的学生特纳于1890年获得博士学位，在那之前他已回到威斯康星州任教。1889年11月27日，特纳在芝加哥与卡罗琳·梅·舍伍德完婚，婚后育有3个子女。

  亚当斯在德国海德堡大学获得博士学位，而特纳则完全在美国接受教育，这在当时是非比寻常的。他所接受的教育赋予了他一种独特的美国历史观。当他开始漫长的教育家生涯后，他向学生们展示了这一历史观。特纳在1893年提出一个"边疆假说"：美国历史上不断推移的边疆线对拓荒者和他们的生活产生了持久的影响——这一影响造就了一个独特的国家。他认为，移动的边疆线促进了美国式民主和其他典型美国生活方式的形成——平等主义、暴力和对高雅文

化缺乏兴趣；这里的阶级比欧洲古老的分级（贵族、地主士绅和下层农奴）要少：在美国边疆，所有阶级都是平等的，所有人都可以获得自己的土地。

特纳首先在提交给芝加哥美国历史协会的一篇论文——《边疆在美国历史中的意义》中提出了这些观点。在接下来的几十年里，特纳继续撰写和发表了多篇相关演讲和论文。亚当斯认为，美国制度的形成在很大程度上要感谢德国和英国，而特纳则认为，美国边疆的历史改变了美国人民和制度。他观察了探险家、捕兽者和商人，探究他们如何创造城市化生活——这种生活反映了边疆定居者自力更生、坚信个人主义和乐观主义的特质。他的研究是对社会进化的研究，但研究范围仅限他自己的国家和它独特的（尽管相对较短）历史。正如一家英国报纸所说，特纳将边疆视为"美国人适应环境、发展民族主义和民主意识"的手段。

以特纳的成果为起点，大学开始设立关于边疆历史的各种课程。尽管特纳对历史的描写相对较少，但他的威望毋庸置疑。正如一位记者在1970年所指出的那样，特纳是"撰写著作很少，但对同时代人影响很大的历史学家"。20世纪10年代，他批评了那些出于贪婪而破坏自然资源和以牺牲他人为代价改善自身生活的边疆居民，并指出边疆资源需要得到更好的保护。

这时，特纳已经离开威斯康星大学。1910年，他接受哈佛大学的邀请，成为这所学校的历史系主任。他在哈佛任教14年，然后退休去了加州西部，成为圣马力诺亨廷顿图书馆的高级研究员。1932年3月14日，他在这里去世。

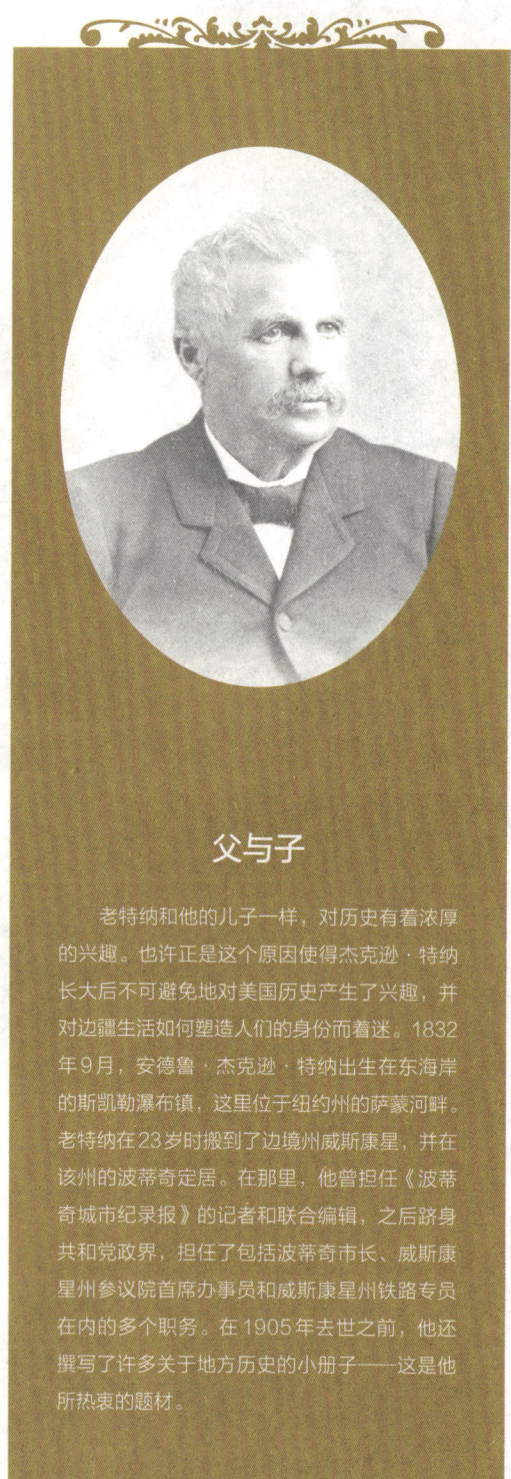

父与子

老特纳和他的儿子一样，对历史有着浓厚的兴趣。也许正是这个原因使得杰克逊·特纳长大后不可避免地对美国历史产生了兴趣，并对边疆生活如何塑造人们的身份而着迷。1832年9月，安德鲁·杰克逊·特纳出生在东海岸的斯凯勒瀑布镇，这里位于纽约州的萨蒙河畔。老特纳在23岁时搬到了边境州威斯康星，并在该州的波蒂奇定居。在那里，他曾担任《波蒂奇城市纪录报》的记者和联合编辑，之后跻身共和党政界，担任了包括波蒂奇市长、威斯康星州参议院首席办事员和威斯康星州铁路专员在内的多个职务。在1905年去世之前，他还撰写了许多关于地方历史的小册子——这是他所热衷的题材。

"我们以外的西部"

内尔·达比

美国的蛮荒西部大家都有所耳闻。但它并不是唯一的蛮荒西部,在世界范围内,从加拿大到澳大利亚,随着时间的推移,人们在原本荒芜的大片土地上定居。历史学家和记者记录并讨论了迁移和定居过程对民族意识和国民身份认同的影响。这些国家的边疆既有字面含义,也有隐喻:它是不同群体之间的边界——这些人既来自不同国家,又是生活在同一个国家里的不同群体。在历史上,它通常指那些迁往一个国家或地区的移民和他们为定居下来所付出的努力——以及他们对那些最初生活在这片土地上的居民的影响。它也可以指开化土地的愿望——在起初看起来荒凉的土地上修造建筑、就业和生活。因此,蛮荒西部中的"蛮荒"既可以指地貌的荒凉,也可以指在这里谋生的人们的狂热。

边疆问题必然涉及控制权和所有权。1818年,英国和美国选择用49°北纬线划分加拿大("英属北美")和美国从乔治亚海峡到伍兹湖的边界。不久,这条新边境线上便设立了2.4米高的岗哨来明示所有权、边境和边界。无论对加拿大人还是对美国人来说,"西部"的概念都与国民身份认同有关,定居者和入侵者在流离失所的美国土著群体面前的自我优越感塑造了他们的国民身份认同。

加拿大和美国一样,其蛮荒西部的发展在很大程度上要归功于金钱。在美国,1849年的淘金热促使大批淘金者前往西部寻找财富。他们在原本与世隔绝的土地上建起采矿营地和城镇,这些地方后来因暴力传说和违法行为而闻名。半个世纪后,加拿大也经历了类似的热潮。1896年,加拿大的克朗代克地区发现了黄金。据说,随着这个消息的传播,大约10万人冒险步行或乘船沿着育空河前往上游的克朗代克——世界上仅存的未开发边疆之一,在河床和矿井中挖掘黄金。

和加利福尼亚淘金热一样,克朗代克地区的采矿营地和新边疆城镇也与日俱增,其中的一座城镇道森,很快就因赌博和酗酒而闻名。当地土

澳大利亚国民身份认同的概念以丛林或内陆地区的发展为中心

▲ 南非的国民身份认同是由它对冲突（如第一次和第二次布尔战争）的记忆塑造的吗？

著被驱逐到保留地，以便矿工能在这里生活、工作和放松；虽然一些人来到之后很快便离开了，但另一些人永久迁居到了这里。这些留下来的人不仅采矿，有些人还经营商店、酒馆和其他生意为矿工服务。在淘金热之前，育空地区被外部世界——甚至加拿大其他地区——视为一片贫瘠且远离文明的辽阔土地。但随着黄金的发现，所谓"文明"的抵达和道森市的建立，它开始被谈论、记录和浪漫化。

正如19世纪晚期，野牛比尔等人把蛮荒西部秀带给美国以外的观众，使它开始被人们所熟知和神化，当时也有人试图将加拿大的边疆生活浪漫化。20世纪早期，当英国媒体开始对加拿大西部着迷时，英国上演了一些类似的主题表演，其中包括巴雷特的加拿大大马戏团和蛮荒西部竞技场表演。

> 对澳大利亚人来说，拒绝"英国化"和创造独特的澳大利亚特征尤为重要。

与美国一样，加拿大历史学家们也开始探讨边疆的含义和象征意义。加拿大与美国边疆的关键区别在于它们发展的年代不同。移民在加拿大大草原上定居始于1896年，比美国晚了半个多世纪。但是，与他们的南方邻居一样，加拿大大草原诸省的定居者在这一进程早期就开始支持各种民主运动。加拿大历史学家哈罗德·亚当斯·因尼斯在1930年出版的《加拿大皮毛贸易》中指出，"地理位置"对加拿大西部的发展至关重要，城市、定居点与土著居民的投入是创造市场的关键。另一位历史学家认为，捕皮、伐木和采矿作

▲ 澳大利亚土著居民和欧洲定居者之间的关系是如何影响其国民身份认同的？

为商业活动，在理解加拿大国民身份认同方面起到了关键作用。

如果说美国人的国民特征和民族意识受到了边疆生活的影响，加拿大人的国民特征则受到了经水路或陆路沿育空河向上游长途跋涉的经历影响，那么其他地区又受到了怎样的影响呢？一些国家尝试定义他们的国民性，而边疆——无论在何时何地建立——是其中的一个关键因素。和加拿大一样，南非的边疆也在不断变化，这一变化受到了19世纪80年代黄金发现的影响。威特沃特斯兰德淘金热吸引了来自世界各地（包括澳大利亚和美国）的探矿者，他们先修建采矿营地，随后进行大规模开发，最后逐步建立了约翰内斯堡。与加拿大和美国西部的发展一样，经济是关键。对经济保障的渴望促进了土地的开发、农场和技术的发展及边疆的推进，但也导致了土著群体的流离失所。以南非为例，淘金热导致政治紧张局势加剧，进而引发了19世纪末的第二次布尔战争。

在美国、加拿大和南非，淘金热对边疆的开拓和人们对国内外群体及民族的认知都起到了关键作用。20世纪，澳大利亚人开始尝试探索历史对其国民自我认知的影响。20世纪50年代，历史学家拉塞尔·沃德出版了《澳大利亚传奇》，书中描绘并解释了澳大利亚的民族特征。当谈到澳大利亚人对自己的刻板印象时，沃德认为澳大利亚的边疆（丛林）塑造了澳大利亚的民族特征——他们坚信平等、务实，并且非常看重友谊。

大英帝国在澳大利亚和南非民族特征的形成中发挥了关键作用；但澳大利亚认为拒绝"英国化"和创造独特的澳大利亚特征尤为重要。英国

《加拿大移民》

一部19世纪的儿童小说,探讨了移民定居者的相关问题

1844年,弗雷德里克·马里亚特上校——一位来自伦敦的皇家海军军官,出版了一本名为《加拿大移民》的儿童小说。3年后,他最著名的小说,以英国内战为背景的《新森林的孩子们》问世。《加拿大移民》也是一部历史小说,但这本书的故事发生在18世纪90年代。它以失去了家族财产,被迫移民到加拿大的英格兰坎贝尔家族为中心展开叙述。

马里亚特去过加拿大,在加拿大五大湖地区拥有一片土地。他利用自己对这一地区的了解构建了这本书的背景,展现了坎贝尔一家如何在安大略湖附近定居并通过共同努力使他们的新农场获得成功。在这一过程中,他们需要应对极端天气、不友好的当地居民、熊和森林火灾。这本书提出了加拿大定居者和土著居民之间的关系问题。一次,外出狩猎的坎贝尔家的孩子们带回了一名土著妇女;坎贝尔先生"指着待在角落里一直没有被人们注意到的身影",解释了她被带回的前因后果。

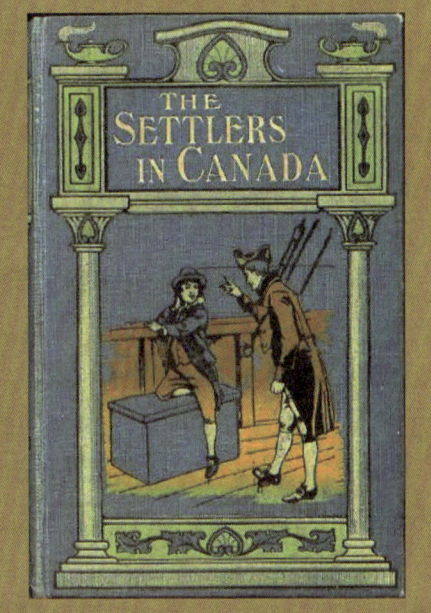

▲《加拿大移民》向孩子们讲述了19世纪加拿大五大湖地区移民的生活

曾试图控制和占有澳大利亚,并把英国本土排斥的人——在80年间被运到澳大利亚的16万多名囚犯——安置在澳大利亚。英国在澳大利亚东部——悉尼、霍巴特、布里斯班和墨尔本——建立并拓展流放殖民地。1822年,《比格报告》建议移民提高自给自足程度,这导致了土地掠夺和与澳大利亚土著居民的冲突。罪犯或刑满释放人员与澳大利亚土著之间的冲突引发了边疆暴力,土著的土地被掠夺,树木被砍伐,居民被驱逐。毋庸置疑的是,历史和地理因素都影响了澳大利亚人的自我认知。

拉塞尔·沃德认为,英国渗透和控制澳大利亚的历史影响了其民族意识,这种民族意识随后通过生活在广袤和未经开发的澳大利亚平原上的丛林工人和剪羊毛工人得到进一步发展。19世纪晚期,对澳大利亚丛林工人的刻板印象已经形成。用沃德的话来说,随着19世纪80年代和19世纪90年代丛林诗歌和民谣的大量创作和出版,这种刻板印象已经被浪漫化和普及。然而,对澳大利亚生活的浪漫化,在某种程度上要归功于历史上那个时期的经济状况:经济萧条、不同工种工人之间的冲突——比如剪羊毛工和放牧人——和像英国一样不断增加的城市贫民窟。

对一些人来说,不尽如人意的现实生活令他们渴望艺术和文学作品能以更浪漫化的手法呈现现实,诸如亨利·劳森(一个移民黄金矿工的儿子)这样的澳大利亚丛林诗人因此成为澳大利亚文化的一部分。通过他们的作品,人们形成了

> 澳大利亚、加拿大和美国的国民身份认同，在一定程度上取决于对其广袤土地的浪漫化认知。

对澳大利亚一些群体的刻板印象，并开始关注当代的一些问题，如劳森在他的诗《安迪的与牛同行》中描绘的干旱对人类命运的影响。

沃德对澳大利亚国民特征及其形成过程的探讨，受到了美国历史学家弗雷德里克·杰克逊·特纳的美国边疆理论影响；沃德认为，在澳大利亚历史上，澳大利亚土著与移民在边疆发生的冲突，与欧洲人与美国土著的冲突类似。然而，他在《澳大利亚传奇》中的论点并非没有争议，它尤其受到了历史学家汉弗莱·麦奎因的挑战。麦奎因认为，沃德将流放澳大利亚的罪犯认定为阶级斗争的焦点，忽略了其他社会阶级和分化。事实上，麦奎因认为澳大利亚并没有沃德所定义的阶级结构，它只是英国阶级结构的"变形"。因此，他对澳大利亚的国民身份认同是否基于实际上并不存在的民主或平等传统提出了疑问。

关于这些论点和理论可能还存在争议，但有一点是不可否认和毋庸置疑的：澳大利亚、加拿大和美国有一个共同之处：空间感。他们的民族认同感和民族意识，至少在一定程度上依赖于对其广袤土地——英国等小国所缺乏的荒芜和空旷——的浪漫化认知。

1946年，当西方在"二战"后着力重建时，经济历史学家赫伯特·希顿在期刊上发表了一篇名为《我们以外的西部》的文章。希顿是英国约克郡人，他在研究生阶段研究18世纪约克郡工业生活，博士生阶段继续研究约克郡工业。当他受邀去塔斯马尼亚大学任教后，他的研究领域有所扩展。1914年至1925年，希顿在澳大利亚任教，之后受邀在加拿大安大略省任职两年，最后他在明尼苏达大学任教，直到1958年退休。因此，他曾在美国、加拿大和澳大利亚这三个"边

▲ 加拿大的男牛仔和女牛仔们骑着马穿越萨斯喀彻温大草原，这一幕与美国极为相似

▲ 历史学家拉塞尔·沃德认为,澳大利亚人的民族特征起源于18世纪流放罪犯的到来

疆"国家生活过。他在文章中指出,就美国历史的教学方式而言,存在着"学术孤立主义",他认为美国历史只能与16世纪至20世纪欧洲人移居他国的历史相比较来研究。他发现了所有这些国家"蛮荒西部"的相似之处。他暗示说,美国边疆发生的一切并不是独一无二的:美国的蛮荒西部与澳大利亚的内陆地区相差无几。正如这两个国家曾被其他国家的侵略者殖民一样,这两个地区都是几个世纪以来移民们一直尝试征服的广袤荒野。这些国家或地区都基于其经历和历史形成了自身的国民意识或身份认同。

今天,关于"我们以外的西部"的研究还在继续,学者们重新评估了前人的理论,以探索"定居者殖民主义"的后续影响,这其中包括土著群体如何遭到入侵,双方如何相互影响,以及政府如何控制原本独立的领土和社会。现在许多人认为关于边疆的假说不能完全解释国家是如何形成和发展的;然而,即使它们不能帮助我们准确地理解我们的国家、我们的民族和我们的社会,以及它们是如何构建起来的,它们仍然是一种浪漫的理想,是一种有助于我们理解历史的叙事。

《澳大利亚传奇》

拉塞尔·沃德的这本开创性著作聚焦澳大利亚人的身份认同

拉塞尔·沃德的这本书首次出版于1958年，当时他年过40岁。这本书探讨了澳大利亚人在理想、特质和性格等方面的自我认知。沃德向读者展示了澳大利亚的边疆生活——包括农场工人在内陆四处寻找工作，过着游牧式的生活——如何影响其国民身份认同。他将研究重点放在澳大利亚的文学作品上。丛林工人对澳大利亚人的自我认知发挥了重要影响。沃德研究了所有类型的文学作品，其中包括民歌和民谣，以展示这些作品如何通过对丛林工人的刻板印象和他们在边疆地区的生活（自19世纪90年代以来）来展现澳大利亚的生活。

《澳大利亚传奇》是沃德的博士论文。继《澳大利亚传奇》之后，他又撰写了几部关于澳大利亚历史的著作。在这些历史叙述中，中产阶级——沃德所处的阶级——被视为帝国主义支持者，而工人阶级则更具民族主义色彩。沃德最著名的理论是澳大利亚的国民身份认同源于"高贵的丛林工人"这一形象，但是他的观点后来遭到了批评。

▲ 拉塞尔·沃德因其开创性作品《澳大利亚传奇》而被人们铭记

图片所属

16、17页	© Alamy, Daniel Mayer, Hmaag
70—73页	© Alamy, Library of Congress; Prints & Photographs Division
76、77、79页	© Alamy, Wiki; C24winagain, Wehwalt, Ian Poellet
86、88、89页	© Getty, Nicholas Forder
96—98页	© Alamy
161—165页	© Bureau of Land Management, Library of Congress; Prints & Photographs Division, NARA, Wiki: Ralf Roletschek